项目来源：2013年首都经济贸易大学校内专项，
大学生体适能分析研究项目

GOLF

高尔夫运动与训练

GAOERFU
YUNDONG YU XUNLIAN

黎臣◎著

首都经济贸易大学出版社
Capital University of Economics and Business Press
·北京·

图书在版编目（CIP）数据

高尔夫运动与训练/黎臣著. —北京：首都经济贸易大学出版社，2016. 8
ISBN 978 -7 -5638 -2523 -3

Ⅰ. ①高…　Ⅱ. ①黎…　Ⅲ. ①高尔夫运动—运动训练　Ⅳ. ①G849. 32

中国版本图书馆 CIP 数据核字（2016）第 163729 号

高尔夫运动与训练
黎　臣　著

责任编辑　晓　云
封面设计　砚祥志远 · 激光照排　TEL：010-65976003
出版发行　首都经济贸易大学出版社
地　　址　北京市朝阳区红庙（邮编 100026）
电　　话　（010）65976483　65065761　65071505（传真）
网　　址　http：//www. sjmcb. com
E - mail　publish@cueb. edu. cn
经　　销　全国新华书店
照　　排　首都经济贸易大学出版社激光照排服务部
印　　刷　北京九州迅驰传媒文化有限公司
开　　本　710 毫米×1000 毫米　1/16
字　　数　202 千字
印　　张　11. 5
版　　次　2016 年 8 月第 1 版　2016 年 8 月第 1 次印刷
书　　号　ISBN 978 -7 -5638 -2523 -3/G · 379
定　　价　29. 00 元

前言

高尔夫运动的形成、逐渐发展与不断壮大体现了高尔夫运动所具有的深层魅力，也形成了比较独特的礼仪等方面的文化特色，是公认的绅士运动、高雅运动。

笔者从 2006 年开始接触高尔夫运动，一下子就被这项运动吸引住了，特别是在北京市大学生体育协会高尔夫分会的引领下，在金色河畔高尔夫学校校长杜一鸣老师的多年教导下，理论与技战术水平有了长足的发展，2013 年参加了在上海举行的美国职业高尔夫教练联盟的培训，并考取了教练认证资格，对高尔夫运动技术的认识又加深了一步。

通过多年的学习、练习与场地实践，并与体育专业知识相结合，形成了“轴心旋转挥杆理论体系”。希望此书能够给更多热爱高尔夫运动的人以明晰的启迪，让高尔夫运动爱好者更好地理解高尔夫运动，更好地享受高尔夫运动，取得更好的成绩。

编者

目录

第一部分

高尔夫基础知识

第一章

高尔夫发展史简介

第一节　多种类高尔夫运动的起源说

“GOLF”原意为“在绿地和新鲜空气中的美好生活”。现代人给高尔夫的英文单词 GOLF 赋予了特殊含义：G—绿色（green）；O—氧气（oxygen）；L—阳光（light）；F—友谊（friendship）。其实，高尔夫起初就是一种只要一根球杆、一个球和一块挖有小洞的场地就可进行的一种奇特游戏。尽管她的起源已无从追寻，但她的精神却历久弥新。

像众多体育运动项目一样，高尔夫来源于民间，规范于贵族，竞技于世界，传播于大众，受益于百姓。正因为这项运动具有集享受大自然乐趣、体育锻炼和游戏于一体的功能，从而成为一项风靡世界的体育运动。正如高尔夫球场设计师罗伯特·特伦特·琼斯所言：“高尔夫已经成了生活的哲理，几乎是一种信仰，她就像教堂传出的福音一样伴随着我们无处不在，如影随形。”如今，几乎没有一个国家看不到高尔夫这种神奇运动的踪迹。

高尔夫的诱惑难以界定，也无从夸大，那是一种可以在任何年龄开始并将持续终生的痴迷。当你第一次看到一名真正优秀的高尔夫球手或职业选手击球时，那种令你屏气凝神的感觉是任何其他运动都无法相比的，高尔夫真的能让你倍感神奇。也正如《阿诺德·帕尔默传记》的作者吉姆·道森说："你找不出任何一种运动能像高尔夫一样多变、复杂，使你时而兴奋、时而悲伤，她可以让你顷刻间感情大起大落，你要试图战胜实际上不存在的对手。"这就是吸引你参与这项运动的魅力所在。因此，无论是在经造物主之手点化的美丽田野，还是在由人类精心营造的场地上，这项老少皆宜的运动都被人们代代相传着。

现代高尔夫运动不完全是一项高消费的运动，但绝对是一项高素质人士的高尚运动，它对人的技术、思维、智慧、修养、礼让、坦诚和仁爱等方面提出较高的要求，使这项运动散发出更大的独特魅力。

这就是高尔夫运动。

高尔夫的魅力捕获了所有人的心，但是没有人知道高尔夫的起源，也没人料到她会像今天这般风行。高尔夫运动究竟发源于何处，似乎世界上每一个角落都对这项运动的演化起过作用。类似的高尔夫运动的竞技存在于古代罗马、荷兰、英国、中国、法国、比利时等世界各地，他们各自都有本国的高尔夫运动起源说。

一、古罗马高尔夫运动的起源

据古罗马凯撒大帝（公元前100年—公元前44年）时代的记载，征服苏格兰城的罗马士兵们曾进行帕格尼卡运动。帕格尼卡是指野营的士兵们利用休息时间，以末端弯曲的短杖击打皮制羽绒球的运动。

大约在公元前80年，罗马人征服了整个欧洲，并跨过英吉利海峡占领了英格兰和苏格兰，罗马统治一直维持到公元4世纪。在此期间，这种运动传播到整个欧洲，发展成了类似今天的高尔夫运动。

二、荷兰高尔夫运动的起源

在荷兰发现了15世纪以前甚至更早期的几幅绘画（见图1－1），画中描绘了倚着类似于初期球杆的弯短杖站立的荷兰人和怀抱着带有硕大杆头球杆的少女画像。荷兰人称：高尔夫运动起源于荷兰，是荷兰儿童在室内玩耍的“Kolven”或者叫作“Kolr”的这项运动，其形式被广泛流传。至今，还在弗里斯兰（Friesland）和荷兰北部等地方流传着。

图1－1　早期荷兰高尔夫

高尔夫球为荷兰文KOLF的音译。据说很久以前，在牧场里，当羊群吃草、玩嬉之际，放羊的牧童们闲暇无事，常常用手里的牧羊棍打击小的石头，久而久之就产生了技术、力量因素和比胜争强的意识。有时比击得远，有时比击得准，有时既比远又比准，二者兼而有之，这就是高尔夫运动的原始形态和雏形。高尔夫球的场地演变也证明了这一点，最早高尔夫球的场地就是牧场，到了后来，有的把高尔夫球场搬到室内进行，有的搬到马路上，还有的搬到海滨，甚至有的搬到冰场上等，但没有持续多少时间，这些场地都成了探奇式的过渡性场所，再往后，才逐渐形成了现在的还是模拟牧场的高尔夫球的正式场地。至于高尔夫球的球棒，起初就是经过简单加工修整的牧羊棍。此外，牧童在长期以棒击石的过程中，发现使用顶端带凸出疙瘩的牧羊棍比较得心应手，可以把石头击得更远，因此，他们经常寻找、挑选这样的棒子使用。现在高尔夫球球棒的前身确为牧童手中的牧羊棍。

由于“kolven”是一种室内运动，或者是在冰面上进行的运动，而高尔夫是一种主要在草地上进行的户外运动，“kolven”所使用的杆是没有角度的，不是击球入洞，而是以是否击中立柱来决出胜负，所以，有许多反对者认为高尔夫运动起源于荷兰不具说服力。

三、中国高尔夫运动的起源

中国某师范大学体育教授曾在澳大利亚刊物上发表文章称“高尔夫起源于中国”。高尔夫在中国古代被称为“捶丸”，公元943年的南唐史书记载了这一事实。

根据《丸经》记载，捶丸游戏者互相尊重对方，还从对方的立场考虑如何打球，是一项君子运动。至今，世界公认的关于高尔夫的最早记录是1457年苏格兰议会颁布的“高尔夫禁令”，因此中国的记录至少提前了514年。而且，元朝时期所绘的“捶丸图壁画”（见图1-2）和明朝时期所绘的“宣宗行乐图”（见图1-3）也证明了“捶丸”是类似现在高尔夫球的运动。但是，由图可见，这种游戏是单手持杆，和现代高尔夫运动具有很大差别。

图1-2　元朝捶丸图壁画

图 1－3　明朝宣宗行乐图

四、法国高尔夫运动的起源

法国也有类似的运动，叫作“Jeu De Mail”，意思就是用木棒进行的游戏。在游戏中使用“Mail（木棒）”和用木头制作而成的球。木棒具有弹性，可以将球击出相当远的距离。还有利用带有圆形铁头的“Paii Mell”木棒在远处击打皮制羽毛球。在法国南部非常盛行这种运动。竞赛方式一般是根据指定的球道，将球击至特定地点即可。

五、比利时高尔夫运动的起源

在 1350 年的文献记录中，曾出现拉丁语“choulla”和法语“choulle”，与现今的高尔夫非常相似。这种游戏在比利时人特别是在比利时农民中间非常流行。“chole”是由“jeu de mail”演变而来的游戏，在 14 世纪中叶，从比利时和法国开始了一种越野（cross－country）方式的游戏，非常简单，所使用竞赛工具是有铁头的球杆和以山毛榉木制成的椭圆形木杆。

六、英国高尔夫运动的起源

多数人认为英国是高尔夫运动的发源地，他们的观点源于 Kirk Session 教堂窗户上的绘画。图 1 – 4 是苏格兰高尔夫运动最早的图像记录，画中描绘了一个高尔夫球手挥杆打出类似于劈起杆的击球画面。这座教堂是 13—14 世纪设计建成的，这幅描绘挥杆动作的画面是高尔夫运动最初的记录。

图 1 – 4　Kirk Session 教堂窗户上的绘画

另一种观点认为，高尔夫起源于 13 世纪中叶英国的苏格兰东海岸。渔夫们在回家的路上为了解闷，边走边用木棍击打鹅卵石。如果谁击打的鹅卵石飞得更远，谁就很了不起，这种人类的竞争心理后来发展成了高尔夫比赛。

高尔夫（golf）是苏格兰历史悠久的语言，“gouft”是其语源，意为“击打”。15 世纪或更早时期，苏格兰地区山区多，气候湿润，非常适合牧草生长，到处都是连绵不断的牧场。高尔夫是从当时的放牧人在休息时进行的一种游戏发展演变而来的。当时草原上有很多野兔子洞或自然的空洞，放牧人就使用木板或木棍将石子击入兔子洞或坑洞来游戏。由于苏格兰地区非常寒冷，人们每次出去打球时，总爱将一扁瓶烈酒放在口袋中，每次发球前先喝一小瓶盖酒。每瓶酒18盎司，而一瓶盖酒正好1盎司，打完18个洞，酒也喝完了。时间长了，就形成了每场球就应该打18个洞的惯例。另外，苏格兰的地形作为高尔夫球场非常合适。在苏格兰海岸北部有一个叫作“links”的草原，起伏很大，上面覆盖着美丽的草坪，还有杂木丛生的小山丘。这种地形作为高尔夫球道非常合适，而且这是一块公共土地，任何人都可以自由地利用。球道“fairway”原来是航海用语，意为“大海的安全之路”，即“暗礁之间的安全航线”。在高尔夫运动的安全击球地带引用航海用语，由此我们可以判断出高尔夫与海上贸易的密切关系。

但是，不管高尔夫的种子来源于哪一方土地，真正赋予其现代特质的毫无疑问是苏格兰人。作为一种现代的被国际多数国家和民族所承认的世界体育项目，高尔夫运动的公认发源地和故乡是英国。

第二节　高尔夫运动的发展

初期的英国高尔夫运动曾遭到王室的限制，人们在周末不能进行高尔夫运动，并对荷兰进口的高尔夫球征收关税。即便如此，到了15世纪中叶前，高尔夫运动还是在苏格兰全境迅速普及（见图1-5）。

据历史记载，在1457年，“当时的苏格兰国王詹姆斯二世以妨碍武术、弓弩训练为由，曾颁布了禁止打高尔夫球的法令”。但到了16世纪，詹姆斯五世（1512～1542）和他的女儿玛丽·斯苏斯都成了高尔夫运动的狂热爱好者。1560年，主要在圣·安德鲁斯（St. Andrews）打球的女王要求陆军军官学校学生（Military Cadet）肩背球杆跟随左右，他们被称为“cadets”（军官学校学生），法语则称为“cadday”。据推测，球童的苏

图 1－5　早期的高尔夫运动是苏格兰贵族钟爱的娱乐项目

格兰名称是由此产生的（见图 1－6），现在的球童（caddie）单词源于“cadet”，而且据传玛丽女王也是女性高尔夫运动的鼻祖。如上所述，初期的高尔夫运动虽然流传了数百年，但是 18 世纪末和 19 世纪初人们逐渐冷落高尔夫，会员制也逐渐消失，苏格兰的许多初期高尔夫俱乐部也随之关闭。

图 1－6　为女王背球杆的军官学校学生

1754 年，22 位贵族和绅士聚集于圣·安德鲁斯球场，创立了高尔夫协会，并制定 13 条规定，这是最初公认的高尔夫规则，一直沿用至今未曾改变。在目前多达 40 页的高尔夫规则中，上述最早规则也被认为是最重要最核心的规则，也标志了现代高尔夫的诞生。

在 17 世纪，高尔夫运动被欧洲人带到了美洲，19 世纪 20 年代又传入亚洲，并逐渐在世界各地蓬勃发展起来。

第三节　现代高尔夫运动的发展

1908 年，英国成立第一个高尔夫球俱乐部。1911 年美国曾举行大西洋全美高尔夫球赛。在英国举行的一年一度的高尔夫球公开锦标赛，是最大规模的国际性比赛。现时，在一些发达国家高尔夫球比赛盛行，而美国、英国和日本尤甚。世界业余高尔夫球协会有六七十个会员国，拥有 2 000多万会员，其中，美国有 1 200 万会员，日本有 300 万会员。1900 年，第二届国际奥林匹克运动会曾把高尔夫球列为表演项目。

目前世界上最大的高尔夫球场是设在美国马萨诸塞州的博尔顿球场，长 7 609 米，它规定的标准击球杆数为 77 杆。世界上最高的高尔夫球场是秘鲁的塔克图球场，该球场最低点位于海拔 4 369 米处。世界上最低的球场是美国加利福尼亚州死亡峡谷的克里克球场，球场低于海平面 82. 9 米。

在高尔夫运动发展史上，由于历史和经济的原因，美国逐渐成为世界高尔夫运动的沃土，并最终发展成世界高尔夫第一大国。19 世纪末，有位名叫西奥多·哈弗梅耶的美国高尔夫先驱，在罗德岛新港建立了一个高尔夫球场，它同时也是非常有名的富人度假村。1894 年，哈弗梅耶被选为美国高尔夫球协会（USGA）第一任主席。该协会就是为了管理美国新建立的高尔夫俱乐部而成立的，新港俱乐部是其中之一。美国高尔夫球协会的职能之一是组织全国锦标赛。哈弗梅耶当了 USGA 主席之后，USGA 的第一届全国锦标赛在他的新港球场举行。严格地说，1895 年的第一届巡回赛是在业余球手之间进行的，那时还没有职业高尔夫组织。第一届职业高尔夫锦标赛，只不过是在业余赛结束之后进行的比赛，比赛为期一天，在 10 名职业球手和 1 名业余球手之间进行，若干年后该比赛才最终成为现在的“美国公开赛”。除了两次世界大战期间中断过几次外，美国公开赛一直延续到今天。

到 20 世纪 20 年代，美国的高尔夫俱乐部已经大量出现，既有完全私营的，也有很多是政府机构主导投资的。20 世纪 60 年代，美国的房地产商发现，在住宅区附近兴建高尔夫球场，能够大幅度提高住宅价值而且加快出售的速度，这使得投资商成为球场建设的主力军。政府对这一潮流推波助澜，规定凡超过 2 万人的社区，如果没有规划高尔夫球场，这个社区的建设规划将不会被批准。这项政策极大地推动了建筑业、房地产业的大亨们兴建高尔夫球场。

美国政府在高尔夫球场的投资、规划、建设、管理、土地、税收等各个方面制定了较完善的引导性、扶持性政策和法规，对高尔夫运动的推动功不可没，使高尔夫密切融入美国人民的日常生活。同时，由于美国高尔夫协会（USGA）出色组织了后被列为高尔夫大满贯赛事的“美国公开赛”，使高尔夫运动得到大力发展并出现了职业化球员。1954 年的美国公开赛第一次被全国的电视台所报道，更使高尔夫这项运动为更多的人所熟悉和热爱。

第二次世界大战结束后，随着国际局势的稳定和世界经济的复苏，以及科学技术的发展和全球化浪潮的出现，高尔夫运动热潮从美国涌向世界各地。世界各地的俱乐部和球场如雨后春笋般出现，各类职业和业余比赛如火如荼进行。特别是在 20 世纪后期，随着亚洲“四小龙”的经济崛起，高尔夫运动的发展重心由美国逐渐转向亚洲。同时，电视转播、各种高尔夫专业杂志和因特网的出现，为高尔夫运动职业化的快速发展和高尔夫文化的快速传播做出了重要贡献。

高尔夫是一项在阳光下、绿地上进行且氧分充足的强身健体休闲运动，适合各种年龄、不同性别的人们参加。它对维护生态、保护自然环境非常有益。在任何高尔夫赛事中，没有吹哨或喧嚣等不良行为，它把文明礼貌与健体竞技融为一体。它是世界公认的可接触时间最长、温和而智能的运动。实践已经证明，高尔夫运动是最受人们欢迎的运动之一。

作为一个具有良好发展前景的运动，高尔夫在国际上已形成了巨大的产业市场。围绕着高尔夫这项运动本身，形成了一个包括球杆球具业、高尔夫服装业、球场设施设备业、旅游业、房地产业、高尔夫综合服务业等相关行业在内的巨大产业链。据有关资料统计，全世界现有高尔夫球场总数超过 3 万个，高尔夫运动人员大约 7 000 万。如在美国，其现有球场约 2 万个，并以每天 1 个的速度在增长，美国现有高尔夫运动人员已超过 3 000 万。基于此，过去两年中，美国高尔夫产业的年产值就高达 600 多亿美元，并以每年 10% 的速度增长，是该国巨大的无烟工业之一。日本虽然国土面积不大，但球场数量高达 2 600 多个，高尔夫运动人员近 2 000 万。英国苏格兰的圣·安德鲁斯是一个仅有 3 万人口的小城市，但它有 7 个球场，其中之一还是专门为培养青少年球员所设置。球场和打球人口的数目众多，极大促进了相关产业的发展。目前，高尔夫运动和产业最为发达的国家是美国、英国、加拿大和日本。

第四节　中国高尔夫运动的发展

尽管中国在古代有过类似高尔夫运动的“捶丸”游戏，但现代高尔夫运动进入中国应从1896年中国上海高尔夫球俱乐部成立开始。1931年，中、英、美的商人合办高尔夫球俱乐部，并在南京陵园中央体育场附近开辟高尔夫球场，高尔夫运动在一定范围内得到了传播。之后的半个世纪里，由于历史和社会的种种原因，高尔夫运动在我国又悄悄退出了人们的视野。

改革开放以后，高尔夫运动在中国又逐步发展繁荣起来。在1978年，时任全国人大常委会副委员长的廖承志在接见日本客人时就提出，可以考虑建设高尔夫球场，为来中国投资的外商提供休闲、度假的场所。

1982年，深圳高尔夫俱乐部申报立项，9月经深圳市人民政府批准开始动工，是新中国第一家申报立项建设的球会。

1984年8月24日，由霍英东、郑裕彤等出资创建的中国内地第一个高尔夫球场——中山温泉高尔夫乡村俱乐部对外开放，成为新中国成立后内地第一座高尔夫球场，戴耀宗为第一任总经理，荣高棠在开业仪式上挥出了新中国第一杆。这标志着现代高尔夫运动在中国的起步，填补了中国高尔夫的空白。同年12月，北京国际高尔夫俱乐部正式立项。

一、我国现代高尔夫运动快速发展期

1993年3月16日，中国高尔夫球协会出台《中国高尔夫球运动实行职业化制度的具体方案（草案）》。7月22日，中国高尔夫球实行职业化制度终于被认可。10月12日至15日，第一次职业高尔夫选手资格选拔赛在北京国际高尔夫俱乐部进行。京津海公司在深圳成立，成为国内第一个从事高尔夫开发设计建造管理的公司，并成功举办了第一个国际性博览会——中国北京国际高尔夫博览会，编辑出版了中国第一套高尔夫系列丛书。

1994年2月，观澜湖高尔夫球会、深圳市人民政府和国际高尔夫球协会在北京人民大会堂正式签署关于第41届世界杯高尔夫球决赛在深圳观澜湖高尔夫球会举行的协议。

经过20多年的快速发展，中国高尔夫大有赶超世界强国之势头，目前中国已被公认为全球高尔夫的热点地区。我国高尔夫运动发展速度逐渐加快，参加运动的人数几何递增，运动场所、运动设施也越来越呈现大众化消费趋势，据中国高尔夫球协会2010年年初不完全统计，目前我国有各类高尔夫球会或俱乐部近500家，球洞数合计约9 500洞，参与运动人数百余万（含港澳台地区和外国在华人士）。与高尔夫运动相关的各类企业、机构、院校等约1 300余家。其中，每年纳入中国高尔夫球协会赛事体系的各级各类赛事活动，已经由2006年的30余起发展到2009年的近90余起，涵盖了国际、职业、业余、青少年等各个层次，全年赛事总奖金近2 300万美元。建立了职业、业余、青少年的积分排名系统和双向选择的办赛模式，各地区各方面承办比赛的积极性空前提高，赛事申报承办程序得以规范。创新推出“全国高尔夫球俱乐部联赛”“中国女子职业巡回赛”“中国男子职业巡回赛”“业余系列赛”“汇丰青少年系列赛”等赛事，均取得圆满成功。其中，参加中国高尔夫球协会赛事活动的业余运动员就达2 000余人，职业运动员300余人。随着赛事活动的发展，相关的教练员、裁判员、经理人、草坪师、球童等专业人员的数量也在相应增加，在加强项目普及、提高技术水平、增强项目的凝聚力、引导促进训练、提高管理水平、发挥协会在项目发展中的主导作用等方面，都发挥了空前的积极作用。

从高尔夫球专业媒体方面来看，目前全国已经有3个数字频道、30余本专业杂志和数十家网站和报刊，也呈现出爆炸式的增长。

由于成本、政策、技术和文化理念等多方面的原因，想涉足高尔夫圈还是有点难度。打球成本远远超出一个普通中国家庭的承受能力，令多数公众对高尔夫望而却步，虽然去公众高尔夫球场打球不用交高昂的会费，但这样的公共球场开放得还是太少，满足不了大众的需求。近些年，国内经济的发展带动了一大批高尔夫消费人群，据调查资料显示，目前国内俱乐部入会消费人群以每年10%的比例增加，总数已突破100万。庞大消费人群的出现，带动了高尔夫相关产业的发展。

第二章
高尔夫场地

一、球场

（一）球场设施

1. 会所。会所也称高尔夫俱乐部，多设于球场的入口处，是为球员提供休息、更衣、餐饮服务的场所。会馆前设有停车场，并且一般常设置可供球员登高远望的观景点（见图2－1）。

图2－1　高尔夫球场会所

2. 发球台。发球台是每个球道击球的开始，一个球道常包括3个远近不同的发球区，分别为女发球区（比男发球区接近果岭20%）、男发球区及比赛发球区（位于开球区后离果岭最远处），有时也将3个发球场合并成一个大的发球区。发球区应高于四周地势，以利于雨天排水（见图2-2）。

图2-2　发球台

3. 球道。球道是球场中面积最大的部分，是从发球区到果岭所经过的路段，球道两侧是起伏的地形或树丛，使球道和球道相分离，球道为宽阔的草坪，球员一般能够在发球区看到果岭。根据运动员的击球距离，常在落球区和果岭周围有计划地设置沙坑、水塘、小溪等障碍物，用于惩罚运动员不正确地击球，并提高比赛的刺激性和激烈程度（见图2-3）。

4. 果岭。果岭是每个球道的核心，是球洞所在地。球被打入球洞后，也就是该球道的结束，进入下一个球道。果岭的面积为111～2 545 米^2，有圆形、椭圆形等，比四周地势高30～100 厘米（见图2-4）。

图2－3　球道

图2－4　果岭

（二）高尔夫球场的一些设计要点

高尔夫球场的设计具有一定的灵活性，它与其他体育运动场所不同，没有固定的严格的尺度要求，只要基本满足每洞的杆数和球道的长度要求即可。高尔夫球场一般选择在具有自然地形的区域，所以设计的一个重要原则便是因地制宜，巧妙利用原有地形进行规划设计，充分利用原有的丘陵、山地、湖泊、林地等自然景观，与高尔夫球场的竞赛要求相结合，尽量降低土方量，进行综合规划与设计。这样不但节约投资，而且容易形成自己的特色。追求个性是高尔夫球场设计的一大特点，在全世界没有两个完全一样的高尔夫球场，每个高尔夫球场都在自身特色的创造上进行了深入的研究，以期吸引更多的会员（见图2－5）。

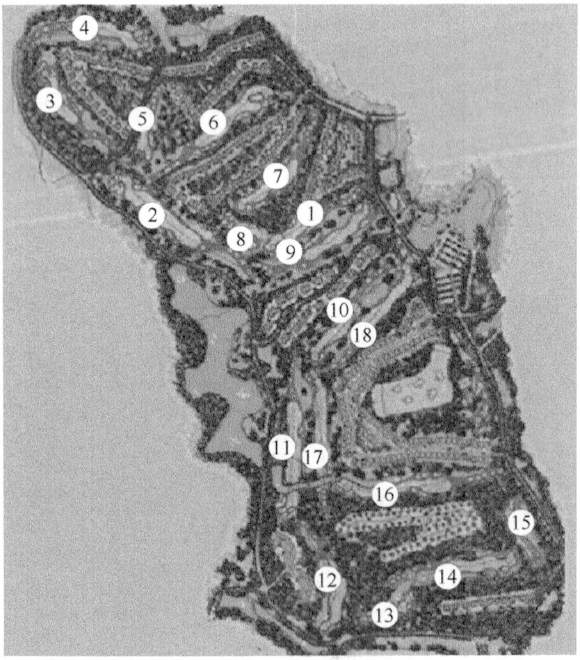

图2－5　球场设计整体效果图

1. 发球台的设计。发球台的形状多种多样，以长方形，正方形、椭圆形为常见。另外还多用半圆形、圆形、S形、L形等。一般面积为30~150米^2，较周围高0.3~1.0米。以利于排水并增加击球者的可见性，表面为修剪过的短草，要求草坪有一定坚硬度且表面光滑。发球台面积小，要求地表水能迅速排除，从发球角度考虑又应有一定的平整度，一般取1%~2%的微坡度。

2. 球道设计。南北方向是较理想的球道方向，球道一般长90~550米，宽30~55米不等，平均宽约41米。

3. 果岭设计。

A. 果岭是高尔夫球场的关键区域。每个果岭的大小、造型、轮廓和周边的沙坑都各具特色，以创造丰富的挑战性和趣味性。果岭草坪高度要求在5.0~6.4毫米，并做到均匀、光滑。

B. 果岭的排水。果岭的地表水应从2个或2个以上的方向排出。果岭的地形设计应使地表水的排水线避开人流方向。一个果岭的大部分坡度不应超过3%，以保证击球后球运动的方向。

C. 练习果岭。练习果岭是供学习高尔夫球的球员练习击球进洞的专用练习场地。练习果岭通常位于高尔夫俱乐部和第一个发球台附近。应能够设置9~18个球洞及它们的替换位置。果岭表面应有一定的坡度，同样以3%为宜。为保证练习果岭草皮的质量，一个高尔夫球场应设置2个或2个以上练习果岭轮换使用为佳。

4. 障碍区。障碍区一般由沙坑、水池、树丛组成，其主要用来惩罚运动员的不准确击球，将球从障碍区击出要比在球道上击球困难得多。

A. 沙坑。沙坑一般占地面积为140~380米^2，有的沙坑可达2 400米^{2}左右。现在大多数18洞高尔夫球场有40~80个沙坑，可根据打球需要和设计师的设计思想来确定。球场沙坑的设置应合乎自然法则，使打球人想到发球台的正确位置。通常球道沙坑的位置依锦标赛发球台的距离而定。

沙坑的位置还要考虑该地的排水特点，沙坑要有好的地上和地下排水条件。在地势低平和地下排水充分，或在沙坑下有良好的渗水条件的区域内，沙坑可以建在草地平面以下。从维护管理角度来说，果岭一侧的沙坑应设置在距离果岭草坪 3～3.7 米的地方，以便修建机械的通行及防止沙坑中沙子被风吹到草坪之上。果岭基层沙坑内的沙厚至少应为 10 厘米，沙坑的斜坡或凸起的沙层厚度至少应为 5 厘米；球道沙坑的沙厚相对要浅一些。高尔夫球场沙坑的用沙要求是比较严格的，75% 以上沙子的粒径应在 0.25～0.5 毫米（中粒沙）。沙子选用有棱角的沙子为最好。沙子的颜色以白色、褐色或浅灰色为好。但应避免沙子颜色太白，导致看不清球体。

B. 水池。水池不仅是击球的障碍，同时还可起到很好的造景作用。水池可以设计于单个球道内，也可以几个球道共用 1 个水池。有时也将球台或果岭设在四面环水的岛上，增加击球的难度和乐趣，丰富球道景观。水池边适宜造景，可架小桥，设汀步，在面积较大且水源充足时，可以规划喷泉或瀑布。

5. 标志树。高尔夫球场中的标志树是为使高尔夫球手在击球时能够计算出球落点的位置而栽植的，常在距发球台 50 码、100 码、150 码、200 码（1 码 =0.914 4 米）的位置上栽植，可在 50 码、150 码处栽植单棵大树或小树，在 100 码、200 码处栽植两棵大树或小树，使击球手容易判断球落地的距离。

6. 其他。除去上述涉及的方面以外，高尔夫球场设计一般还要包括练习场、会馆以及休息亭等，可根据具体情况灵活设置。从球场面积方面来看，从占地几十公顷的土地规划出 18 个球道，一般 18 洞的球场由 4 个短洞、4 个长洞以及 10 个中洞所构成，标准杆为 72 杆。然而，若有地形特殊和土地面积大小等因素的差异，其标准杆亦可介于 72 杆加减 3 杆之间。易言之，18 洞标准杆在 69～75 杆皆可被接受。在善于规划的设计师之下，整个球场 18 洞的功能就刚好可以使整组 14 支球杆达到充分的发挥运用。

二、练习场

练习场是专供初学人员和爱好者练习打球的地方。一般有真草练习场和人造打击垫打位练习场两种。有些练习场还配有果岭区和沙坑区，供大家练习推杆、沙坑杆和短杆。练习场可以设在城市中或高尔夫球场附近（见图 2－6、图 2－7、图 2－8）。

图 2－6　练习场侧面图

三、室内模拟器

室内高尔夫模拟系统是现代高科技在休闲娱乐领域的一个成功应用项目（见图 2－9）。它利用计算机图形图像处理技术将国际标准高尔夫

图 2－7　练习场正面图

图 2－8　练习场中沙坑与距离标记

球场资料装入系统静态存储器中。运行时，计算机便自动将该球场资料输入系统内部动态存储器，并通过超大屏幕投影机将球场景观逼真地投射到打球者前面的耐撞击银幕上，使打球者有一种身临球场的感受。打球者根据电脑球童的建议，选择合适的球杆，像在球场上一样，把球打向果岭区的旗杆。球飞出后，测量系统立即将球飞出的速度、角度、旋转方向及转速等数据传递给系统主机，计算机便可计算出球飞行的距离、弹道及落点，并在银幕上将球飞行的轨迹显示出来，然后将画面推进到落点处，让打球者在落点处继续打下一杆，直到将球推入球洞。整个过程与在高尔夫球场打球并无不同。

图 2－9　室内高尔夫模拟器

第三章
高尔夫装备

一、高尔夫球的演变史

高尔夫运动的最基本器材当然有球。据说，最原始的高尔夫球是圆的或椭圆形的石子，进而是经过手工雕琢的木球。也有高尔夫史研究者认为，早期的高尔夫球是用山毛榉木做成的，那种树木在中西欧是较常见的树种。实际上，最早的高尔夫球是黄杨木做的，这种球尚显粗糙，但价格大家还是能够接受的。

（一）羽毛制球

有文字记载的最早的高尔夫球应当是羽毛制球（featherie ball）。17 世纪早期，一种叫作“羽绒球”（见图 3 – 1）的新型高尔夫球问世，这是一种皮质表皮，用鸡或鹅的羽毛做填充物的小球，具有极佳的弹性，能打得很远，当时最有力的球手可以将它击出 200 码之外。

古代高尔夫球是用马皮或牛皮做成的，里面填充着羽毛。据古代球与球杆制作者巴里・克尔介绍，制作“羽绒球”是一个漫长、艰难而又需要技巧的过程。材料包括生牛皮，通常是公牛皮或马皮更好，还有装满一帽子的羽绒。先将皮质材料剪成一个条状和两个圆片，然后在前者上冲出一些相应的小孔，以供穿线缝合之用，再用蜡线把各片缝合起来。将羽绒浸

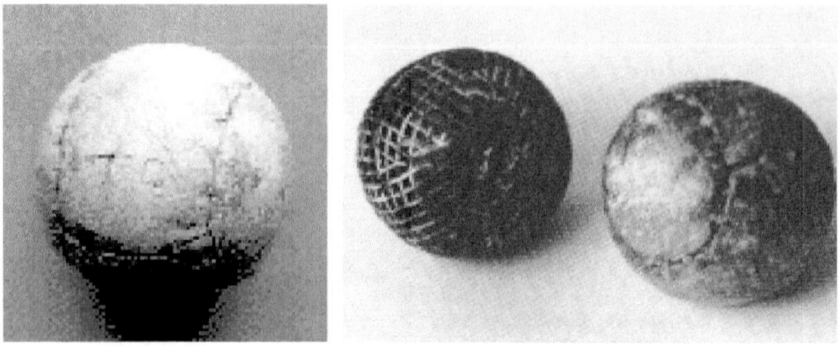

图 3－1　羽绒球

泡成像小米布丁一样的状态，然后缝合在皮质材料之中。用一个小铁杆往皮质材料里塞羽绒的过程难度很大，要尽量压实，把球填满后，要趁湿将口缝合好，然后用锤子将球尽量敲圆。在干燥过程中，外面的表皮会收缩，而里面的羽绒会涨起来，这样就做成了一个紧密而结实的羽绒球了。当时，制作高尔夫球是一门精细的艺术，即便最出色的工匠每天也只能做 3～4 个这样的球，而一轮高尔夫球比赛就需要 3～4 个球，这种球很容易被水浸透也很容易被打坏，非常不实用，而且还很贵，甚至比球杆还贵，所以高尔夫成了富人们的运动。

（二）古塔胶球

很显然，只有性能良好、价廉物美、结实耐用的高尔夫球才能吸引更多的参与者。19 世纪中叶，这样一种神奇的球出现了，它的出现归功于远东马来的一种凝固的树胶——古塔胶。关于古塔胶球的准确来源是个颇具争议性的问题，其中虽不权威但却最为离奇的要算印度雕像的说法。19 世纪中叶，一个在印度的苏格兰传教士詹姆斯·帕特森送给哥哥罗伯特一尊印度雕像，该雕像是用古塔胶碎块填充包裹航运至罗伯特手中的。这种可模压的材料令罗伯特极为着迷，他首先用它给自己的靴子上了双鞋底，然后又将它用在了高尔夫球上。这种材料是成张进口的，制球人把它们裁成条，先在热水中软化，然后用手工做成球状，再置于冷水中硬化，球就这么简单地制作而成了。

第一个古塔胶球的问世引起了各种不同的反响。这种球外形更圆，而且还像台球一样光滑。不过因为球太硬，飞行性能不好，在空中会突然下沉。威利·邓恩是穆塞尔博罗俱乐部的职业球员，他非常厌恶这种球，把它们全给球童们玩了。但不久他就发现，球童们可以非常自如地运用这种胶球，简直比他本人掌控羽绒球还要娴熟高超。这是为什么呢？原来一旦这种球的表面被击打出了擦痕和磨损，它们就会像鹰一样敏捷准确地飞行，所以第二代手工敲打出来的带有凹痕的古塔胶球就应运而生了。

美国高尔夫球协会博物馆馆长安迪·马奇介绍，鉴于流体力学的原因，事先在古塔胶球表面刻上花纹，它的各项性能就会都优于羽绒球，不仅可以被击得更远，更易于掌控，而且更加结实耐用，最大的优点在于制作简便，每个制球人每天平均可以制作 100 个这样的古塔胶球。因此，与羽绒球相比，古塔胶球的价格非常便宜，更容易被大多数人接受。这样，这种运动就逐渐摆脱了贵族专享的特色。古塔胶球的流行使得高尔夫球得以再次盛行，1890 年时，英国的高尔夫球俱乐部达到了 387 家，球场达到了 140 个。

（三）外层有小突起的橡胶核心球

1900 年，一种新球宣告将取代已流行多年的硬橡胶古塔胶球。C. 哈斯克尔（Coburn Haskell）在参观了美国俄亥俄州阿克隆一间橡胶厂后受到启发，决定制造一种橡胶核心球，即用薄薄的胶皮来缠绕出一个有小凸起外衣的胶球。1898 年，哈斯克尔研制成功并申报专利。这种新球的优点非常突出，比以前的球可以多飞 20 米远，而且容易控制。尽管对一向以传统为重的球手们说，哈斯克尔球改变了高尔夫球比赛的特性，但是引发哈斯克尔第一个灵感的古德里奇橡胶公司还是上马生产这种新球。1901 年，沃尔特·特拉维斯（Walter Travis）使用这种新球一举夺得美国业余锦标赛冠军，卫冕成功。翌年，哈斯克尔球传到英伦三岛，英国选手山迪·赫德（Sandy Herd）使用新球在霍伊湖皇家利物浦球场取得英国公开赛冠军，击败了使用旧球的已经身为三次冠军得主的名将哈里·瓦登（Harry Vardon）。从此，哈斯克尔球才站稳脚跟，结束了新旧球谁优谁劣的争论。

（四）球表面凹痕的出现

对于哈斯克尔球，人们一直进行各种试验以期加以改进。于是，更新的球以球表面凹痕（Dimples）代替小凸起，这样不仅可以保持同样良好效果的空气动力学特性，而且可以把球打得更精准。今天的标准高尔夫球均采用表面凹痕型，球的直径和深度虽然不同，品牌各异，但差别极小。厂家在促销战中，往往特别强调这种差异导致的不同飞行性能。专家们利用风洞等高科技手段检验这种球的空气动力学性能，其原则类似检验一架飞机的机翼。高尔夫球手在击球时，每个球都获得一种向后的旋转力，有凹痕的球比光滑的球能飞得更远、更稳定（见图3－2）。

图3－2　橡胶核心表面有凹痕的球

二、高尔夫球杆的历史演变

高尔夫球杆是高尔夫运动中另一项最主要的器材，如果说几百年来高尔夫球有了相当大的变化，那么随着球的变化，球杆的变化则更多、更大。

（一）真正的“木杆”时代

苏格兰是高尔夫运动的故乡，15 世纪苏格兰就已出现第一支木杆（见图 3－3），杆身坚实，杆头沉重，握把缠绕着小羊皮等真皮，材质为山毛榉木，也有用苹果木、梨木和李树木的，这些木头都可以用来制成杆头。后来苏格兰人从北美引进了柿树，柿木质地密实、不容易开裂、木纹美观，是制造球杆的良好材质。准确地说，柿木木杆的制造是 19 世纪 90 年代才开始的。高尔夫球史学家认为，高尔夫球杆的制作最早应是

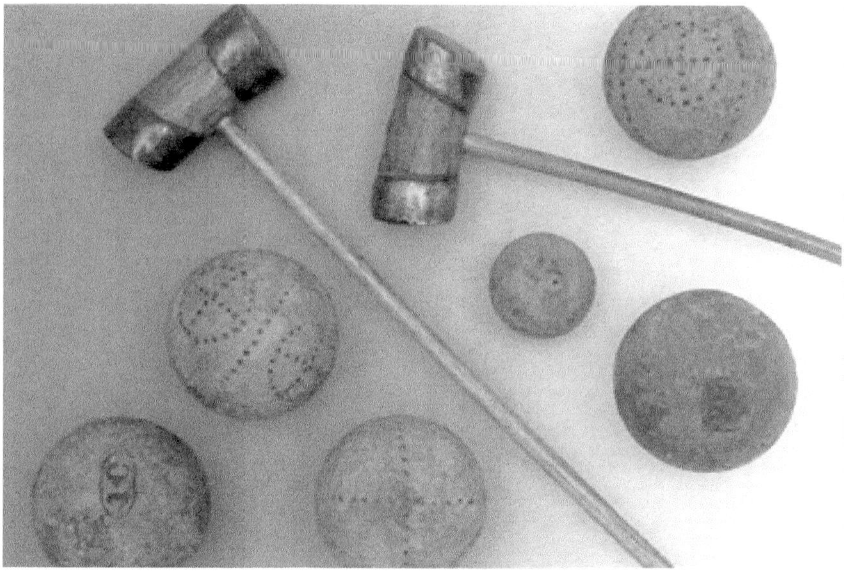

图 3－3　早期的木杆

15、16 世纪，因为人们找到了上述年代遗留下来的杆头碎块，地点是荷兰。

羽绒球制造商高尔夫运动的第一位英豪圣·安德鲁斯的艾伦·罗伯逊也曾经是古塔胶球的抵制者，但是随着他对古塔胶球认识的转变，他开始研制更适合古塔胶球的球杆。曾经两个多世纪，打高尔夫球的器具没有发生过任何变化。杆身多由榛木或岑木制成，杆头为苹果木或山楂木所制，杆身和杆头被仔细镶嵌、黏合在一起，再缠上数圈涂过焦油的细麻绳。击球力度最大的就是带有长鼻型杆头的球杆（见图 3 –4），它那 1 英寸（约合 0. 025 4 米）长的击球部位只有很小的倾角或根本没有倾角，45 英寸（约合 1. 143 米）长的杆身和今天所用的开球木杆一样长，但和杆头连接的角度为 120°。因为早期打高尔夫球的人站得离球较远，而且采用的是水平横扫式的挥杆，杆头的底部还采用了相当奢侈的材料——一片公羊角进行加固。

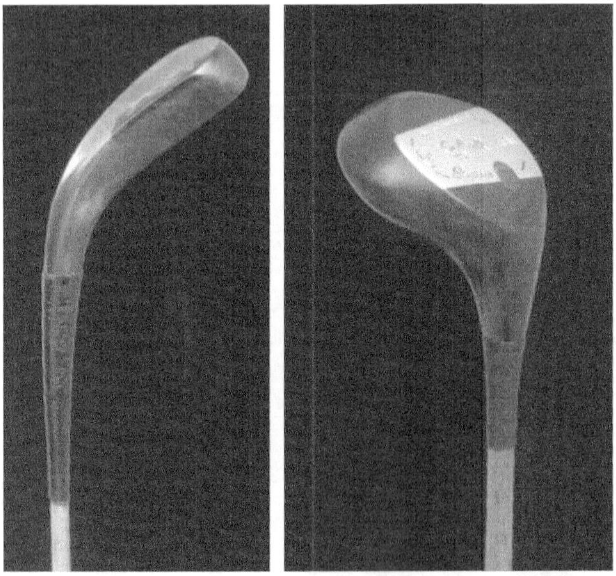

图 3 –4　长鼻型杆头的球杆

（二）金属杆头的出现

大约在18世纪初，由于对杆头硬度的要求越来越高，金属杆头球杆（见图3－5）出现了，使用这种球杆更容易处理一些特殊困难球位的球（见图3－6）。在球杆的演变过程中，杆头的外形也发生了变化。从早期的长鼻杆头、短鼻杆头以及杆趾为方形的笨重的大凹面杆头向圆形和椭圆形杆头发展，使得杆面击球更方正、更扎实。

图3－5　金属杆头球杆

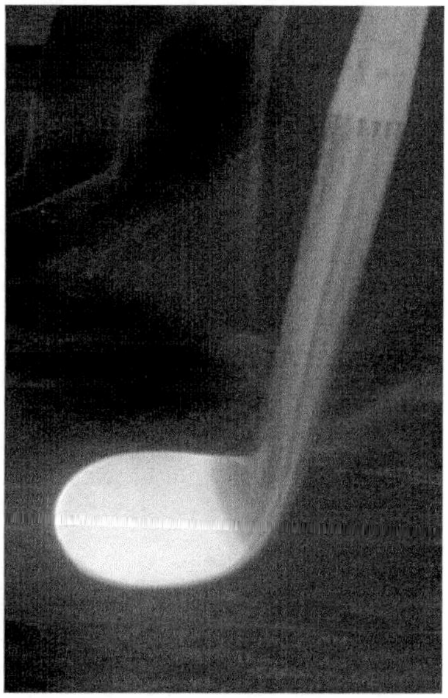

图3－6　特殊杆头球杆

（三）杆种与杆面的发展

由于高尔夫运动要求在球场不同地点不同情况下使用不同的球杆，因此球杆的性能与用途不同，杆身长短和杆面倾斜度各异。从20世纪相继发现和找到的一批古董球杆可以获知，18世纪初到19世纪中叶的100多年中，在苏格兰一些球场上打球的人一般有8～12支球杆，杆身均为木质，包括开球木杆、球道木杆（见图 3－7），以及 1 支杆身较短、杆身与杆面角度更加竖直的木制推杆。早期的铁杆是经过工匠锻造打制而成的，到 20 世纪初叶，人们已经使用发球铁杆、劈起铁杆、沙坑铁杆和 5 号铁杆，连推杆也有铁杆。1895 年铝材的推杆已被应用，为了增加铝质杆头的重量，杆头背部还被加上铅弹，后来球杆制造者还在杆面上加上沟纹，以使击球时产生旋转。

图 3－7　球道木杆

（四）铁杆与杆身的发展

新材料与科技研究新成果不断推动球杆的改造与更新。20 世纪初铁杆正式上市，1912 年，第一批无接缝铁杆在英格兰问世。到了 20 世纪 20 年代，类别与模式已很齐全的铁杆已在美国行销。尽管如此，直到 1929 年铁杆的合法性才获得圣·安德鲁斯皇家古代高尔夫俱乐部承认。

钢材的材质优点使其无可置疑地在球杆制造业站稳脚跟，进而促使批量生产的专门行业形成。除了不锈钢材质外，20 世纪下半叶开发出了碳纤维及硼纤维这些新材质。不锈钢价格不算高，弹性小，扭力较好；碳纤维和硼纤维的特性正好与不锈钢相反，但重量较轻，外观质感也好，进而价值感也很突出。碳纤维球杆的出现说来也相当传奇。50 多年前高尔夫球杆是金属杆身一统天下，当时的日本人受身高和力量等条件制约，在这项运动中并没有多大作为。20 世纪 60 年代，日本古洛布莱公司（GIII 品牌球杆的母公司，前身为 DAIWA 精工，世界最大的渔具生产厂商）的一位鱼竿设计师，在东京枥木县招待两位造访的美国朋友打高尔夫球，连续四天大败四场，原因是球打得没有美国人远，输在了力量不足。精明的日本人突发奇想，索性把高尔夫球杆的杆头插到了碳素钓鱼竿上。结果重量之轻、弹力之大、击球的距离之远，都超出想象。经过反复改进试验，古洛布莱公司终于生产出了第一支彻底改变高尔夫世界的碳素球杆，所产生的奇迹震惊了世界，轰动了全球。由于碳纤维材质的球杆重量较轻，所以适合于女性高尔夫球手和中年以上的打球者使用。当然，越来越多的男球手也使用它们，因为可以将力道用在挥杆时的杆头上，从而达到增加击球距离的目的。

（五）钛合金的应用

近年来在高尔夫球坛掀起了一股“钛合金热”，人们争相购买和使用钛合金球杆。钛合金质量轻，但坚固程度远远超过钢材，主要使用于航天工业。使用钛合金制成的木杆杆头，其稳定性和弹性俱佳，令小白球被击得又直又远。钛合金杆的出现，使挥杆一族如获至宝，高级职业选手也有了夺取比赛胜利的利器（见图 3－8）。

图 3－8　钛金属的高尔夫球杆头

三、现代高尔夫装备

（一）高尔夫球杆

正规的竞赛中，每位选手可以携带14支以内的球杆参赛，球杆若少于14支可补充到14支。在成套购买的球包中（见图3－9），一般包括1号、3号、5号木杆（见图3－10），3号、4号、5号、6号、7号、8号、9号（见图3－11）、劈起杆、沙坑杆（见图3－12）等9支铁杆和1支推杆（见图3－13）。

图 3－9

这些杆在比赛中有各自的用途，杆面的角度、杆身的长度和击打球飞行的距离也各不相同。球杆的主要参考数据见表 3－1。

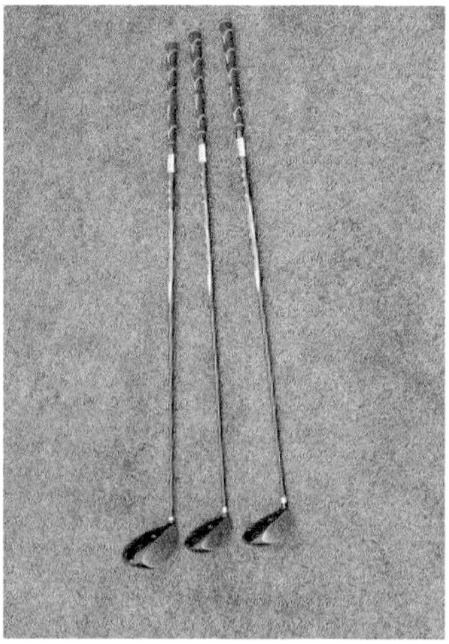

图 3－10

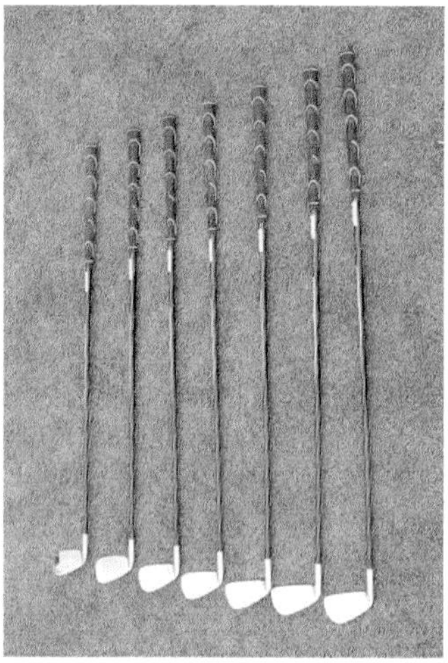

图 3－11

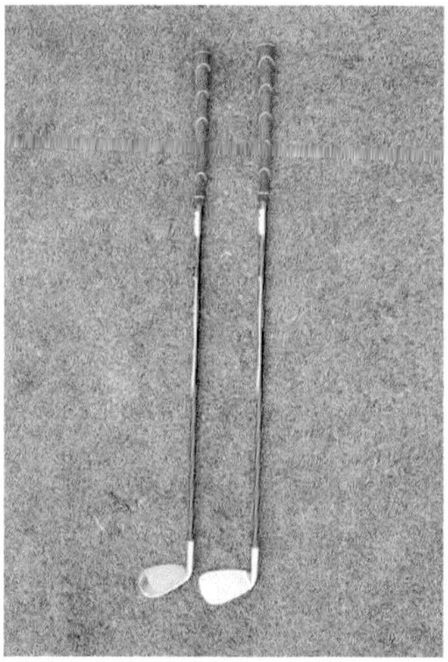

图 3－12

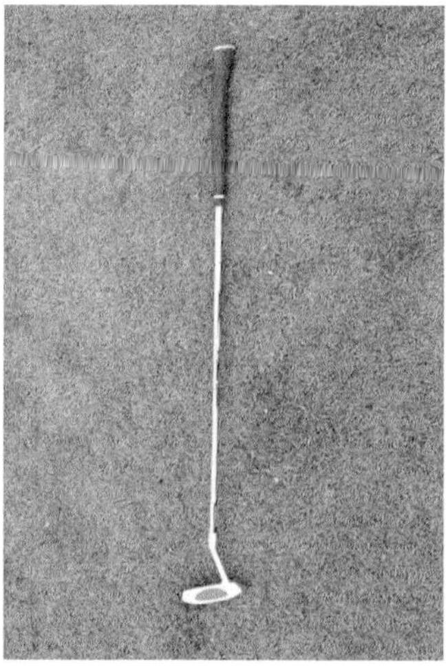

图 3－13

表 3－1　球杆的主要参考数据

木杆	球杆名称	业余男子距离码（Yard）	球杆长度（寸）	杆面斜度	杆身斜度
W1	Driver	200～250	43.5～47	9～11.5	55
W2	Brassie	190～220	43	12	55.5
W3	Spoon	180～210	42.5	15	56
W4	Baffy	170～200	42	18	56.5
W5	Cleek	160～190	42.5	21	57
W7	Heaven	150～170	41.5	24	58
W9	Divine Nine	140～160	40.5	28	59
W11	Ely Would	130～150	39.5	32	60
铁杆	球杆名称	业余男子距离码（Yard）	球杆长度（寸）	杆面斜度	杆身斜度
I1	Driving Iron	190～210	39.5	16	55
I2	Mid Iron	170～200	39	19	56
I3	Mid Mashie	160～180	38.5	22	57
I4	Mashie Iron	150～170	38	26	58
I5	Mashie	140～160	37.5	30	59
I6	Spade Mashie	130～150	37	34	60
I7	Mashie Niblick	120～140	36.5	38	61
I8	Ditching Niblick	110～130	36	42	62
I9	Niblick	100～120	35.5	46	63
I10（P）	Pitching Wedge	110 以内	35.5	50	64
S（SW）	Sand Wedge	90 以内	35	55	64
I11（F）	Second Wedge	80 以内	35	54～64	64
A	Chipper	50 以内	34.5	20～35	65
推杆	Putter	30 以内	多样化	3～6	多样化

备注：

1. 女子球杆较男子球杆短 1 寸，距离短 30 码，杆身斜度（LIE）多 1°左右。

2. 职业男选手的铁杆距离，每隔 1 号杆相距 15 码，业余男选手相距为 10 码。

资料来源：百度百科。

1. 1 号木杆的使用。1 号木杆主要是用于开球，由于杆身最长，能够增加杆头速度，将球击得更远。但是，也因为杆身长，所以最难控制。

2. 球道木的使用。球道木分 2 号至 9 号，男子常用 3 号和 5 号，女子通常用 7 号和 9 号，打法是平行扫球，杆头同时扫过球和草皮。在粗草区，球道木比铁杆更容易从草上滑过，因而更有优势。球落在树林中，一定要打低飞球时，球道木才能起更大作用。在球位状态不好、地面湿软或风大时，尽量不要使用球道木。

3. 长铁杆的使用。经常使用的长铁杆是 3 号和 4 号铁杆，可以把它们想象成球道木杆，利用杆身的长度，通过离心力的作用，找到以平行的角度将球挥出去的感觉。打好长铁杆不仅需要技术，还需要有能够控制长铁杆的体能和体格。

4. 中铁杆的使用。5 号、6 号、7 号铁杆统称为中铁杆，主要用于打出中等距离的球。中铁杆的杆头重量、杆面角度及杆身长度最适宜初学者掌握，所以一般教学都从 7 号铁杆开始。

5. 短铁杆的使用。短铁杆包括 8 号和 9 号铁杆，主要强调球的飞行方向和距离的准确性。

6. 挖起杆的使用。挖起杆通常是指选手球包中的劈起杆（P）和沙坑杆（S）。

7. 推杆的使用。推杆是用来在果岭上朝球洞方向推击球的专门球杆，推杆杆身较短，杆面倾角最大不超过 5°。推杆主要有条形（也称“刀背形”）和槌头形两种。

（二）其他装备

进行高尔夫运动除了要有完整的套杆，还应准备好该项运动的其他应有装备：

1. 高尔夫运动专用鞋子。高尔夫的球鞋设计也很特别，表面上来看，它的样子很像休闲皮鞋，而实际上，它与皮鞋的设计是很不同的，特别是鞋底的特殊鞋钉设计，既保证了良好的抓地性，又保证了透气性，使草地能够自由地呼吸，不容易损坏草地。高尔夫球鞋鞋底的形状、材质、结构和配件都有别于普通鞋。尤其鞋底钉确保球手站得稳，有脚踏实地的感觉，有助于在不平坦的路面行走和防滑。在选择高尔夫球鞋时要特别注意装嵌在鞋下的皮和底皮中的螺丝是否牢固，螺丝一旦损坏，整双鞋也就宣告报废。高尔夫球鞋选择的出发点是合脚，不要过大或过小，脚在鞋内应没有挤压的感觉。为了方便球鞋的携带，也应该配备专用的高尔夫鞋包（见图 3－14、图 3－15）。

2. 高尔夫手套。在高尔夫运动中，为改善握把效果，球手通常会戴上手套击球，通常右手型选手手套戴在左手上，左手型选手手套戴在右手上，而女球手一般左右手都戴（见图 3－16、图 3－17）。

高尔夫手套的材质基本上分三类：真皮；PU 料；布类。其中，真皮又分为绵羊皮、山羊皮和其他皮。实际生产中可能同时用到几种材料。

图 3－14　高尔夫球鞋

图 3－15　高尔夫球鞋用包

真皮手套的手感好，可以提供最佳的握杆击球感觉，是高手的选择，缺点是易损耗、难打理，而且价格最贵。

PU料手套的优点是用料价格便宜，但透气性和质感稍差。一些高档PU具有部分真皮的性能，它们的柔软性和手感都非常好，部分专利产品的透气性也相当高，甚至可以透过水蒸气。当然这些产品的价格也已直逼真皮类的手套了。

图3－16　男士手套

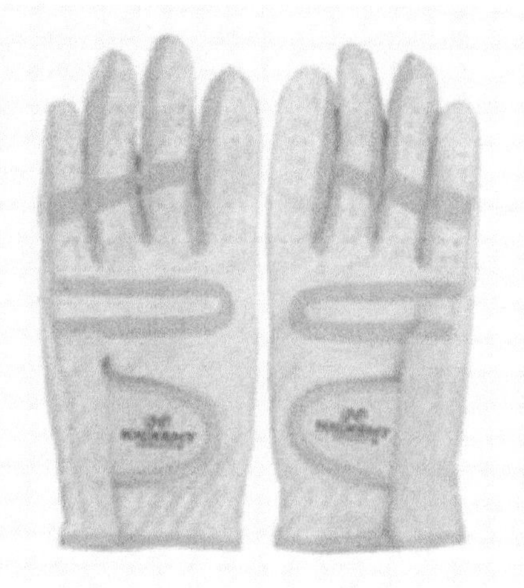

图3－17　女士手套

无纺布（超细纤维料）和超纤布的手套是最耐打的，一般价格介于前两种手套之间。缺点是穿戴时间长了手套会变形，因为毕竟是人工织出来的东西。

3. 高尔夫服装。高尔夫运动不仅是一项体育运动，而且也是一种高雅的社交活动，是一种绅士运动。既然是绅士运动，就要有绅士的形象。打高尔夫球对着装有特别的规定，这是长期历史发展沿袭下来的高尔夫文化的一部分。早期的球手打球要穿燕尾服，着长筒靴。

随着社会的发展，服饰规定没有那么严格了。通常的高尔夫服装分为上衣和裤子两部分。上衣是长袖或短袖的运动衫款式，裤子（不论是长裤或短裤）是纯棉或纯毛的西裤或便装裤。圆领汗衫、吊带背心、牛仔系列服装、超短裙、过短短裤等过于休闲的服装不允许穿上场。总之，穿着要舒适得体，整洁干净，衣服应宽松，使身体能充分舒展，同时衣料质地柔软，吸汗能力强。

4. 高尔夫球。高尔夫球有单层球、双层球、三层球。单层球为硬橡胶直接压制而成，一般在练习场使用。双层球一般比较硬，倒旋少，速度快，飞行距离远，因而深受追求距离感的业余选手欢迎，价格也比较实在。职业选手和低差点球手一般比较偏爱三层球，因为它质感较软，容易控制。三层球最里面是一个实心或充满液体的小圆核，圆核外面包裹着厚厚一层弹性材料，最外面的外壳就和双层球一样，由天然橡胶、合成橡胶或它们的混合物制成。下场打球或比赛要根据自己的水平带充足的球。

5. 球座。Tee 这个词在高尔夫当中有两个意思：一个意思是指打高尔夫球发球时球道开始的草皮略微突起部分，即发球区或者发球台；另一个意思是指用木头或塑料制成的梢子状的球座，发球时先将它插进地面，以便将球放在上面来发球。由于球洞的长度不同，开球的球杆也不相同，使用的球座也分长的和短的，在下场打球或比赛时球座要带充足（见图 3 – 18）。

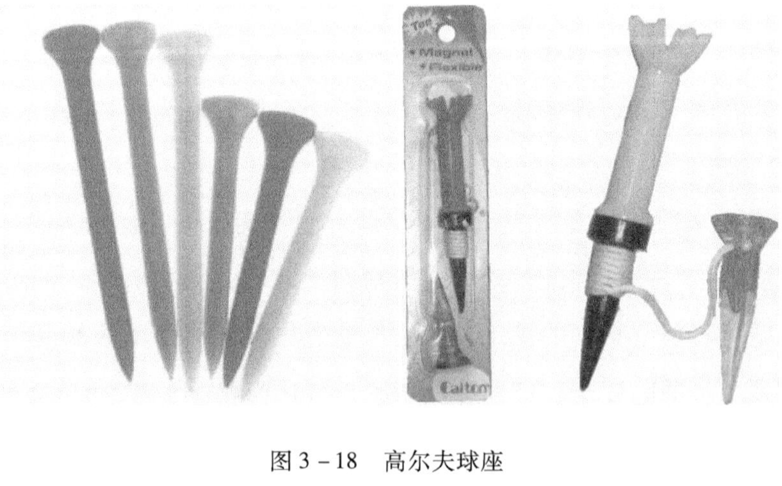

图 3 – 18　高尔夫球座

6. 标记。高尔夫规则规定，当球打上果岭后，可以把球拿起来擦拭。为了记住球的位置，在拿起球前，需要在球后位置上做上标记。到打球时，再把球放回原处，把标记拿起。标记一般用塑料制成，为图钉状（见图 3 – 19）。

图 3 – 19　高尔夫标记

7. 修钗。修钗是修理果岭的工具。由高处落在果岭上的球，有时会在果岭上砸出一个小坑；穿钉鞋不小心划坏果岭等，都会使果岭遭到损坏。打高尔夫球时，发现了以上现象，应立即主动地用修钗进行修理。爱护场地是每一个人的职责，打高尔夫球一定要备有修钗（见图 3 – 20）。

图 3 – 20　高尔夫修钗

8. 其他用品。下场打球或比赛还应该配备高尔夫伞、帽子、眼镜、饮料、毛巾和一些方便食品等物品。

第四章
高尔夫规则

第一节　比赛形式

高尔夫球比赛是指球手在高尔夫球场上遵循规则用球杆击球入洞穴的竞赛活动。球手必须依次在开球区用球杆把各自的球击向球洞，然后一起经球道走向球的落点，继续击球，直至将球击入球洞。比赛如为 72 个球洞，则在 18 个球洞的球场上需循环 4 次。

高尔夫球比赛一般分个人赛和团体赛两种，团体赛一般规定每队 2 人或 3 人。高尔夫球比赛有比洞赛、比杆赛两种基本的比赛形式。其计分方法：一为比赛所有球洞的总击球杆数，少者为胜；一为比赛每个球洞的击球杆数，包括相等数，以击球杆数少、球洞多者为胜。

标准杆数是正规比赛判定高尔夫球手胜负较为常用的一种计分方法，一般以低于标准杆多少来判定胜负：低于标准杆数越多，球手的成绩越好；相反，成绩越差。每个球洞需要击打的标准杆数主要取决于球道的长度和难度，通常由场地的大小决定。一般高尔夫球场设 4 个 3 杆洞、4 个 5 杆洞和 10 个 4 杆洞。所以，许多球场 18 洞的标准杆为 72 杆。

一、比洞赛

比洞赛是高尔夫运动一种古老的比赛方式。比洞赛是在一轮比赛结束后，以所胜洞数的多少来决定胜负，每个洞都要决出胜负，所用杆数最少者为该洞的优胜者。在规定洞数比赛完毕后，所胜洞数最多者为最终胜者。比洞赛中，领先洞数多于未打洞数的一方为胜者，可提前结束比赛。如果双方都以相同的杆数打完最后一洞，则该洞数比赛为平分。双方成绩相等时，竞赛委员会可以将规定的一轮延长数洞直至决出胜负为止。比洞赛表示洞的胜负时，采用以下术语：几洞领先（holes up）；积分相等（all square）；几洞待打（to play）；当一方领先的洞数与待打洞数相等时，该一方被称为“等洞方”。

比洞赛又可以分为两人赛、三人赛、四人赛和“最好球赛”。

比洞赛的两人赛中，参赛的两名球手各用自己的球互相比赛。三人赛时，每一名球手都同时与其他两名球手比赛，也是各自打自己的球，但赛完一个球洞后，同一方两名球手中击球进洞杆数少者即为该方打完此球洞的杆数，双方比该球洞击球进洞杆数的多少，少则赢，多则输，相同则平分。在“最好球赛”中，一名球手与由两名球手或三名球手组成的一方比赛，无论两人或三人，均以他们当中在一个球洞击球进洞杆数少者与独自一人的一方进行比赛，最终论定输赢。

二、比杆赛

比杆赛来源于英国旧式的一日制比赛。起初的比杆赛只是一日内完成比赛而专用的竞赛方式。现在比杆赛是以规定洞数的总杆数来决定胜负的，竞赛者在完成比赛后，统计所打球洞的总杆数，总数最少者为优胜者。在完成规定的一轮或几轮比赛后，如杆数相同，应再进行加洞比赛，直至一方赢了一洞为止。入洞比赛的做法不是用于比洞赛的。国际职业高尔夫球赛和全国比赛通常采用比杆赛形式，一次比赛需要在标准的18个洞的球场进行四轮比赛，以四轮比赛的累积杆数判定名次。比杆赛分个人赛和四人赛。个人赛中，无论比赛人数多少，各打各的球。四人赛时，参赛球手两人组成一队，四名球手各自打各自的球，每一方完成一洞的打球，以伙伴中的较低分数为该洞的分数。

除了两种基本的比赛形式外，还有一些衍生的如逐洞赛、淘汰赛、定分式比赛、标准杆比赛等比赛方式。“杆差制”比赛是高尔夫友谊赛和一些俱乐部采用的一种比赛方式，它给水平较低的选手以更多的机会，也为了体现高尔夫球比赛的公平竞争和竞争的激烈，使不同水平的球手能同场竞技，激发球手全力以赴地进行比赛。“杆差”是指通过杆差委员会评定的球手的平均杆数与规定的标准杆数的差值，球手杆差越高，球技水平越低。评定杆差的方法有贝利亚杆差计算法、新贝利亚杆差计算法、卡拉威杆差计算法和梅花青鸟杆差计算法等。现采用较多的是新贝利亚计算方式，计算方法是：由竞赛委员会从18洞中任意选择12个洞的杆数总和为48杆。通常上下半场各包含1个标准杆为3杆的洞，1个标准杆为5杆的洞，4个标准杆为4杆的洞；12个洞杆数的总和乘以1.5，减去标准杆72杆，再乘以0.8，即该选手的杆差数。

第二节　打球规则

从事任何运动之前，均须了解该运动的基本规则方能尽兴，并免于贻笑大方。高尔夫运动看重绅士风度之展现，对基本规则的认识更不能等闲视之。因此，下面就高尔夫运动基本规则、比杆赛与比洞赛之差异、各种击球状况的正确判断和处理以及参加比赛注意事项等加以说明。

高尔夫运动是一项需要集中精神和具备技术控制能力的户外运动，选手以 14 个高尔夫球杆击球入洞，18 洞为一轮，杆数最少者为胜，选手的得分要点主要在于完成所有的进程所需的击球次数。

与其他项目不同的是，在高尔夫运动中，选手的挥杆次数越少，成绩越好。高尔夫运动与其他球类项目不同，它很少固定比赛的场地，它的轨道变化很多。每个球洞的级别取决于它的距离。比赛的标准杆数往往是 72 杆，这也是我们所说的一轮比赛。通过 4 天 4 轮的比赛来决出胜者。

一、总则

1. 高尔夫球比赛是依照规则从发球区开始经一次击球或连续击球将球打入洞内。

2. 对球施加影响除按照规则行动以外，球员或球童不得有影响球的位置或运动的任何行为。

3. 商议的违反规则球员不得商议排除任何规则的应用或免除已被判决的处罚。

二、基本规则

1. 虽然高尔夫球比赛有许多规则，然而最基本不外乎下列两点：

（1）参赛者务必在公平的条件下进行比赛。

（2）比赛过程中必须要能客观地处理对自己有利的状况。

2. 其他各项规则，都是基于以上两点基本原则所制定的。遵守规则由自己做起，高尔夫球比赛规则虽是由高尔夫球协会制定的，但绝大多数仍是委由选手本身执行实际上的管理。当比赛进行时，每位选手皆负有使比赛公平、公正之责任，并且基于公平竞争的精神，每一位球员应要求自己成为一位遵守规则的裁判。

3. 以击球方式将球打进洞：

（1）打高尔夫球最基本的原则，就是将一颗球自球台连续打击至其进洞为止。简而言之，即是由第一杆开始，接着打第二杆、第三杆，重复地击球，将球打进洞，除此之外便别无他法。拿着球移动，或是利用投掷、滚地等方法，都是违反规则的。

（2）待球处于静止状态后，才能继续进行比赛，当球被击出后，不论是在何种状态下行进，都应该等到球处于静止状态后才可继续进行比赛，此乃高尔夫不变的法则，绝对不可触摸或挪动球的位置，亦不能为求便于挥杆而改变周遭的环境。

三、理解高尔夫规则

高尔夫运动是一项高尚的体育运动，被人们称为绅士运动，参加比赛的每一位球手应该具有自律和公平竞赛的精神。尽管高尔夫球的比赛规则繁多，但最基本的规则主要有两点：第一点是参赛者在公平的条件下进行竞争；第二点是在比赛过程中以客观公平的方式处理任何一种情况。实际上，所有的高尔夫运动规则也都是在这两个前提下制定出来的。

由于最初的高尔夫球比赛是从英国开始的，所以最初的高尔夫球比赛规则由刻板的英国律师们用法律的形式撰写而成。他们将法律辩论用语搬到球场上，语言生涩难懂，内容烦琐难记。这些规则大大地阻碍了高尔夫运动的发展与推广。进入 20 世纪以后，美国高尔夫球协会和英国圣·安德鲁斯皇家古代高尔夫球俱乐部被公认为解释和修订高尔夫球规则的权威机构，由他们制定了一套语言生动易懂、内容简单易行的正式高尔夫球规则。现在，世界性的国际高尔夫球比赛必须按这一套正式的规则严格执行。正是有了这样一套公正合理的规则，既有竞争性，又有趣味性，很多人逐渐参与并迷上了高尔夫运动，促进了高尔夫运动在全世界范围内的推广。

当然，高尔夫运动并不是只有竞技性的、按规则严格判罚的比赛，对一般性的高尔夫球友谊赛、邀请赛而言，规则要求则没有那么严格。在高尔夫运动中，只要球手遵循以下两条原则，高尔夫运动的规则还是很容易理解的。

第一，要保持球的现状来打球，也就是从发球台把球打出后，一直到球被打上果岭以前，不能用手去摸球（即使球的落点很不理想，也要在原位打球）。

第二，比赛要在公平的条件下进行，不要只考虑到对自己有利的情况。

尽管高尔夫球比赛规则是由高尔夫球协会和每次竞赛的组织者制定的，但它是球手在不故意去犯规的前提下制定出来的，在竞赛中主要还是靠球手自己来管理。球手要以公正的比赛精神为基础，自己遵守规则，自己给自己当裁判员。球手必须牢记一点，高尔夫球文化中文明和高尚的精神是高尔夫球比赛规则的精髓。

由于高尔夫球比赛规则的内容繁多，这里只简单介绍如下：

1. 礼貌规范：

（1）安全：挥杆和打球时都要注意安全，防止伤害事故发生。

（2）为他人着想：要礼让谦虚，不影响别人打球，不拖延时间，当球击入洞后，要立即离开果岭。

（3）按顺序击球：如无特定规则，两人组比三人组或四人组有优先权，并可超越前组。若一个组的比赛进行得太慢，并落后前面一组一洞以上，则应让后面一组超越。

（4）比赛场地的维护：沙坑击球完成后，球手需要耙平沙面和留下的脚印。在球道区和果岭推杆完成后，修补产生的球痕和由于球鞋踩踏产生的草坪损伤。球手在果岭上移动旗杆、放置球包、从洞中取球时，要谨慎操作，以免破坏球洞、球杆和损伤果岭草坪。球手在开车打球或手拉推车打球时，要遵守球场内指示牌所指定的行车线路。

2. 发球区规则：

（1）比赛迟到：如果迟到不足 5 分钟，要加罚两杆（+2 杆）。若超过了 5 分钟，就要被判为失格，即没有资格参赛了。

（2）击球顺序：出发顺序可以是竞赛委员会规定的顺序，也可由抽签、猜拳或按年龄大小决定谁先发球。

（3）比赛指导：对大家都知道的事实，如沙坑、旗杆的位置等是可以问的；但若你问同伴使用的是几号杆，则要被判罚两杆；同伴若回答了，同样也要被罚。

（4）球从球座上滑落：往球座上放球，球从球座上掉下或是在准备击球时杆头不小心碰到球使球落下，可以把球重新放回球座而不受罚。但如果正式挥杆击球了，而没打到球，不管球是否移动，均应算作一杆。若空挥时使球从球座上落下，也只能在原位打第二杆了。如果你把打落的球重新放在球座上，那么再打就是第三杆了。

（5）球出界：如果球飞出界外，必须向同组比赛者说明，再在上一次击球处打一个暂定球，被判罚一杆。要重新打时，应待大家都打完之后再打。在发球区击球出界，那么补打的这一杆就是第三杆了。发球时，球必须放在发球区以内，再击时仍需使用球座。

3. 球道规则：

（1）击球顺序：在球道中，应由距离球洞较远的人先打。错球：比赛中如把别人的球误认为自己的球而打了，要被罚两杆。而自己的球被局外人动了，则不受罚，但必须把球放回原位。

（2）球损坏：在确认自己的球时，发现球坏了，可以向同伴说明后换球；如果没有说明就换球，则要罚一杆；如果偷偷摸摸地换球，则罚两杆。

（3）无法打球：球打到树根旁，没有办法打时，可以向同伴说明罚一杆。把球拿出，在远离球洞的方向，在以两杆为半径的范围内抛球；球停在道路上或修理地上时，可以在远离球洞的方向，在一杆以内的位置抛球，而不受罚。

（4）临时积水：球落在临时水域时，可从水中取出置于无水的地面。如在其中丢失则换一新球，并从尽量靠近临时水域中球位的无水地点击出，不判罚。此规定亦适用于靠近临时水域的球位。

（5）触球：比赛时不允许身体任何部位触球。换球时可能触到球，只要不使球位移动，不把球碰下球座就不罚杆。为了辨认是否是自己的球，可将球拾起，但需放回原位。

（6）抛球：指球丢失后用暂定球确定球位的方法。根据规则，应让球手自己把球落下。具体做法是：面向球洞方向站立，一只手持球伸向水平方向，与肩等高，然后张开持球之手，使球落地。如果由其他人或以其他形式使球落地又不按规则纠正错误，球手要被判罚一杆。如球落地前后碰到球手或同伴、球童及其器材，则需重新落下球，不罚杆。

（7）移动球：球打到高草区时，为了确认是不是自己的球，去摸草是可以的，若移动了球，则罚一杆。

（8）球遗失：在 5 分钟内找不到球，则视为球遗失。重新打一个球时，要回到原位去打，并加罚一杆。

（9）折断树枝：在打球时折断树枝或空挥时弄断树枝，都要罚两杆。

（10）击中球车：球打在自己的推车或球袋上，要罚两杆。

（11）击中人：比赛中球击中自己、同伴或自己的球童时，要罚两杆。

（12）连击球：球杆在击球时，两次碰到球，即为连击，应算两杆。

4. 障碍区规则：

（1）球进入沙坑：在沙坑中，准备打球时球杆碰到了沙子要罚两杆。

（2）球进入水障碍区：此种情形中，要罚一杆，然后在进水切点的水障碍区外面抛球。当然，如果你认为在水中可以打，则不受罚。在发球区将球击入水障碍区时，允许在球座上再放一球重新击球，应算第三杆。

5. 果岭规则：

（1）擦拭球：球打上果岭，可以把球拿起来擦。但拿起球之前，必须做好标记。如果没有做标记，要罚一杆。

（2）拔旗杆：一组选手的球都打上果岭后，才可以拔掉旗杆。

（3）拿起球：在果岭上，谁的球离洞远谁先打；其他球特别是妨碍打球人的球，应做上标记，把球拿起。

（4）散置障碍物：在果岭上，推击线上有树叶可以拿走，而如果在推击线上有钉鞋的印痕，则不能去整理。

（5）运动中球：别人推的球还在动时，你就做动作打自己的球，算犯规，要罚两杆。

（6）击球入洞：在正规比杆赛中，每一洞都必须击球入洞（即使同伴已经承认你下一杆一定能将球击入洞内也不行），否则即失去了参赛资格。

（7）球碰球：从果岭外面打球上果岭时，碰上了本来就停在果岭上的球，要把被碰到的球放回原位（但若两个人的球都在果岭上，打到球的人要被罚两杆）。

（8）误击入洞：比赛时，如误将别人的球击入洞，要被罚两杆，但别人的球不算入洞，需从洞中取出，放回原位。

四、事先了解参赛条件

每位参赛者必须在赛前了解球场所定之比赛条件，包括：①比赛之正确时间；②各组成员之编排；③自己被认可的差点；④第一洞是 1 号还是 10 号；⑤比赛当天当地之规则。

五、球杆数限 14 支

在正规的竞赛中，每位选手只能携带 14 支以内的球杆参赛，球杆少于 14 支时可补充到 14 支。比赛中可更换损坏或不堪使用的球杆，但以不耽误比赛为原则；而且不论补充还是更换球杆，皆不得向球场上任何一位参赛者借用。球杆一旦借出后，直至比赛终止，借出的球杆将供借用者使用，借出的一方不得使用。

六、关于球的位置的有关规定

球的位置是所有比赛规则的一个基本出发点，所以为了保证自己对比赛规则有充分的了解，避免因犯规而失利，一定要记住以下有关规定：

第一，当整个球处在界外时，球为出界；判断标准是界线柱最内侧的点在地面上的连线，或有些情况下为边界线。

第二，当球的任何部分接触到水障碍区标记线时，球就是处于水障碍区了。要记住标志柱本身也是水障碍区的一部分。

第三，当球的任何部分接触到果岭时，球就是位于球洞区了。如果球在果岭边缘，有一部分突出于果岭之外，则不能算是在球洞区。

第四，如果球的任何部分位于发球区内，则应视为在发球区内架球。发球区是一个长方形的区域，宽度为两个球杆的长度，前面和侧面由发球区标记的外界线来决定。

第三节　当地规则

在与高尔夫球比赛规则的有关方针不相矛盾的前提下，委员会可以就当地的异常状况制定公布当地规则。

如果当地异常情况造成的妨碍影响正常打球，委员会认为需要对规则进行修改，则必须获得中国高尔夫球协会的批准。

当地规则主要方面包括：

一、标示境界和界线

明确说明界外、障碍区、水障碍区、侧面水障碍区、整修地、妨碍物和球场不可分割部分的标示方法。

二、水障碍区

1. 侧面水障碍区。说明可作为侧面水障碍区的水障碍区部分的状况。

2. 暂定球。当球可能进入水障碍区，找不到初始球且有明显的证据证明球是在水障碍区内，而判定球是否进入水障碍区较为困难或要判定此事可能会导致不正当延误时，允许按照规则打暂定球。要按照规则中任何适用的选择和任何适用的当地规则暂时性地打该球。在该场合，如果打了暂定球而初始球位于水障碍区内，球员可以在现状态下打初始球或继续打暂定球使其成为使用中球，但是他不可以按照规则中有关初始球的规定采取处置程序。

三、需要保护的球场区域，准环境保护区域

将包括有草苗圃、幼林地和球场内其他栽培用地等在内的区域标定为禁止在其中打球的“整修地”，有助于球场的保护。

当委员会被要求禁止在位于球场内或与球场相邻的准环境保护区域内打球时，委员会应当制定当地规则说明补救的处置程序。

四、临时性状况——泥泞，过度潮湿，恶劣状况和球场保护

1. 拿起陷入地面的球，擦拭。保证在球洞区通道上出现包括泥泞、过度潮湿的妨碍正常打球的临时状况的任何地方陷入地面的球可以接受补救，或允许在球洞区通道上或球洞区通道上的短草区域的任何地方拿起、擦拭和放置球。

2. “选移球位”和“冬季规则”。球场的恶劣环境或泥泞等不利状况是经常出现的，特别是在冬季尤为如此，因此，委员会可以通过采取临时性的当地规则决定提供的补救，以保护球场或利于公正愉悦地打球。这种当地规则必须在状况许可时尽快撤销。

五、妨碍物

1. 总则。说明可能是妨碍物的物体的状况。宣布属于球场不可分割部分因而不是妨碍物的任何建筑物，如特别建造的发球区侧面、球洞区侧面和沙坑侧面。

2. 沙坑中的石块。宣布沙坑中的石块为“可移动妨碍物”而允许将其取除。

3. 道路和通道：

（1）宣布道路和通道的人工表面和侧面为球场整体的一部分。

（2）对可能对打球造成不正常影响的没有人工表面和侧面的道路及通道提供规则所规定的补救形式。

4. 球洞区附近的不可移动妨碍物。规定当不可移动妨碍物位于球洞区上或距球洞区两球杆范围以内，而球位于距该妨碍物两球杆范围以内时，对该妨碍物造成的妨碍如何进行补救。

5. 幼树的保护。规定为保护幼树提供的补救。

6. 临时妨碍物。规定对临时妨碍物（如观众看台、电视缆线和设备等）造成的妨碍提供的补救。

六、抛球区（抛球）

当不适宜或不可能确切地按照规则对球采取处置程序时，确定可以或必须抛球的特定区域。

第五章

高尔夫礼仪

重礼仪是高尔夫运动最重要的文化组成部分，是区别于其他运动项目的特点之一，对培养自身修养具有很高的价值，因此高尔夫运动也被称为“绅士运动”，而深受成功人士和渴望成功人士的青睐。任何一项体育运动都是一种游戏，参与者都要共同遵守统一的规则。为了使游戏能够公平、公正地进行，多数情况下都是由裁判执行规则和判罚。裁判是竞技游戏的重要组成部分。而高尔夫运动大多是在没有裁判员监督的情况下进行的，这项运动主要依靠每个参与者主动为其他球员着想和自觉遵守规则的诚实信用。不论对抗（非身体接触）有多么激烈，所有球员都应自觉约束自己的行为，在任何时候都应表现出礼貌谦让和良好的运动精神。由于高尔夫运动具有特殊性，参与者既是运动员，又是裁判员，所以对参与高尔夫运动的球员的人品、道德、行为和约束力提出了更高的要求。为了使所有参与高尔夫运动的球员最大限度从中获得乐趣，首先就要了解高尔夫运动的精髓。

一、诚信、自律、为他人着想是高尔夫运动的精髓

公平、公正永远在球员心中。如果你做不到诚信、自律、为他人着想，你在高尔夫运动中仅仅获得的是你自认为的好成绩或是一时的个人利益和荣誉，而失去的将是朋友的信任、友谊、乐趣，甚至是参加高尔夫运

动的资格。

（一）诚信

如果把诚信拆开来解释，则：一曰“诚”（诚实、诚恳、诚意）；二曰“信”（信任、信誉）。是不是弄虚作假涉及“诚”。能不能言而有信，其行为是不是能让人信任，则涉及“信”。“诚”未必就“信”，“信”未必就“诚”。诚信主要是对人道德层面的要求。是经过教育与培养所形成的一种优秀品德。诚信也是一种态度，一种尊重自己，也尊重别人的心理和态度。诚信是不论在什么样的环境下，无论面对什么样的人，不因情形与状况而改变，都始终坚守的原则。它应该是发自内心的，也是强大而稳定的。高尔夫运动流传着这么一句话：“打球看人品。”高尔夫运动特点之一就是场地大。球的落点状况复杂多变，在没有裁判员监督的情况下，对球员的诚信是极大的考验，特别是在面对着利益和荣誉的极大诱惑的情况下。高尔夫运动的基石之言就是：“在球场的现有环境下打球，在球的现有状况下打球，如果两者你都难以做到，那么按公正的原则打球。”如果你能在打球的过程中始终坚守着诚信、公平、公正的原则，你将会从高尔夫运动中获得极大乐趣。

举个诚信的例子：2010 年北京时间 9 月 2 日，在美国威斯康星青少年 PGA 比赛中，一位 14 岁的少年做出了一个让人感到惊讶的决定，他取消了自己的参赛资格，退还了所获得的奖牌。事情的经过是这样的，8 月 11 日 14 岁的扎克－纳什打出了 77 杆，赢得了密乐瓦基县公园巡回邀请赛 13～14 岁年龄组的冠军。夺冠之后，扎克－纳什去了河流荒野高尔夫俱乐部。这个夏天，他每天都要在这个俱乐部打 36 洞，他一边练习，一边同他的一个老师——俱乐部的首席教练克里斯－伍德交谈。他向每个人展示了自己的奖牌。随后伍德和他一起去喝汽水，对他说：“嗨，这是谁的球杆”？他回答说是他朋友的。伍德接着说：“就是说你有 15

支球杆。”听到那一句话之后，扎克－纳什相当吃惊，他触犯了规则4－4。按照规则，每个洞他多带一支球杆将被处罚2杆，不过总的罚杆不能超过4杆。扎克－纳什在比赛中没有注意到这支额外的球杆，也就是说他在记分卡上签字的时候没有加上罚杆。这意味着他签错了记分卡，这意味着他的参赛资格将被取消。此时扎克－纳什不住地在伍德面前流泪，随后伍德叫来了他的父亲，将他接回家。那天傍晚的时候，扎克－纳什给赛事总监打去了电话，解释了所发生的一切，他将奖牌寄了回去。随后这枚奖牌授予了亚军。事后，扎克－纳什的教练和他的父母都为他的行为感到骄傲。

（二）自律

如果说诚信是一种内在的心理和态度，自律则是外在的行为要求，或者说是心理和态度的外在表现，二者有机地统一在一起。相对于“诚信”主要是对道德层面的要求，“自律”应是侧重对个人行为的规范。高尔夫运动精髓所倡导的“自律”类似于中国传统文化中的“慎独”“自省”“求诸己”的君子精神。一个人如果能做到独处时也为“君子”，这便达到了“自律”的最高境界。然而自律的养成需要一个漫长的过程而不是短期之内就能有所成就的事，自律是与“诚信”一起成长的。自律要求一个人拥有充分而彻底的责任感。加强自律是磨炼意志的过程，有助于磨砺心志。大凡成功者都是懂得自律的人。如果一个人有意识培养自己的自律精神，时时处处做到自律，定会使自己的人格和心智更加完美，最终走向成功的彼岸。

高尔夫运动的自律，就是尊重规则，其首要的就是保证在任何情况、任何条件下对规则的遵守，自律保证了高尔夫球比赛的公平。

（三）为他人着想

为他人着想属于高尔夫运动的礼仪范畴。绝大多数情况下，高尔夫运动的礼仪并不与规则本身发生任何关系，但是在高尔夫球比赛规则中，礼仪却永远放在所有的正式规则条文之前，这足以说明遵守高尔夫球礼仪在这项运动中的重要性。

二、具体要求

（一）得体着装

山、水、树、草、沙滩组成的高尔夫球场地在蓝天白云映照下，显得格外清新高雅。一走进如此优雅的环境，你一定不忍心因为自己不得体的着装破坏这份和谐。

得体着装要求：

- 穿有领有袖的上衣。
- 男性应穿正式的裤子，穿牛仔裤是绝对不可进入场地的。
- 女性不要穿比膝盖以上 4 英寸（约合 0. 101 6 米）位置更短的短裙。
- 为保证挥杆时脚下的稳定，应穿专用高尔夫球鞋。

提示：穿着应舒适得体，干净整洁，衣服宽松，使身体能充分伸展，不妨碍挥杆和推杆动作。衣料要质地柔软，吸汗能力强。

（二）注重安全

高尔夫运动自身的运动损伤较少，但是不能因此而降低安全意识，尤其是不能因为自己的行为对他人形成身体伤害。

- 打球者在击球和练习挥杆时，应确认周围安全无误，应确保球杆挥打到的范围及因击球或挥杆而被球、石子、树枝等可能打到的地方无人站立。
- 在前组球员走出球的射程范围之前，任何球员不得打球，这是防止发生危险的关键。

（三）谦和礼让

谦和礼让是高尔夫运动的传统美德，更是高尔夫球文化的精髓，置身这种环境中，你也会自觉养成这种良好的道德规范。

•上发球台相互礼让，第一发球台上由水平低的球员先开球，在此后的发球台上由成绩好的球员先开球。

•在球道上，让球落后的球员先打。

•在果岭上，让离球洞较远的人先推杆。

•打得慢的一组让打得快的一组超越先打。

（四）尊重他人，为人着想

在高尔夫运动中，尊重他人，为他人着想，不影响他人，是人类文明的重要体现。参与到这项运动，将对你在今后的工作中形成良好的人际关系奠定基础。

•要有耐心，尊重球场上的其他选手，就像你希望被别人尊重一样。

•在其他球员击球时不要走动、讲话或制造不必要的噪声。

•确保自己带到球场的电子物品不会对其他球员造成影响。

•果岭上不能踩踏同组伙伴的推杆路线。

•留心身体在阳光下可能产生的阴影，因为阴影可能妨碍其他选手比赛。

•同组伙伴想要推杆时，不要与他们距离太近。

（五）爱惜场地，保护环境

高尔夫运动中的“高雅”“绅士”是由球手的一举一动体现出来的。身处这种运动中的每一个人都会爱惜场地，保护环境的意识很快会形成，更能形成热爱自然、热爱生活的激情。

- 避免损害果岭和球洞，主动修复果岭上的球痕。
- 练习挥杆时，避免削起草皮。
- 击球后，马上拾回打起的草皮断片，并将其踏入原位，修理钉鞋踩踏等造成的任何破损、球痕等。
- 沙坑比赛之后，保证用耙子将沙坑恢复到良好状态。
- 不要在开球区、果岭上推童车或推手推车或推车通过沙坑。

（六）视球童如朋友

在高尔夫球场上没有贵贱之分，球童始终伴你身旁，将他视作你的朋友，就像在未来的工作中将你的助手视为朋友，你的工作效率将事半功倍。

- 球童是球手的伙伴。
- 一定程度上球童是球手的参谋和老师。
- 球手与球童默契配合，能感到心情舒畅。
- 不要因自己的失误而对球童发脾气或呵斥。

（七）珍惜时间，加强时间观念

在现代生活中，竞争日趋激烈，时间的宝贵日渐突出。从事高尔夫运动的人，无不视时间如生命。

- 准备及时到达预定的开球区。
- 始终准备打球，避免耽误比赛。
- 击球后，立刻离开球座。
- 当心比赛的流动性！不必要时，不要站立或等候。
- 使你的步行速度与小组伙伴的步行速度一致。

（八）实事求是，讲求诚信

正式高尔夫球比赛由裁判监督，但是球友间的交流，却完全需要靠自觉。在全长 7 000 多码的球场上，你学会了“实事求是”和“诚信”，你的品格也就更加高贵了，你也会因此获得更多的机会和更大的成功。

- 自己记录成绩，自觉接受罚杆。
- 自始至终不能擅自移动球。

第六章
高尔夫重大赛事

第一节　世界知名高尔夫球赛事

经过几百年的发展，高尔夫运动在20世纪末已经成为一项全球性的体育运动。目前世界上有许多职业和业余、个人和团体的高尔夫球赛，其中最著名的个人比赛有英国高尔夫球公开赛、英国业余高尔夫球锦标赛、美国高尔夫球公开赛、美国高尔夫球名人赛和美国职业高尔夫球协会锦标赛。团体比赛有世界杯赛（1953年前为加拿大杯赛）、莱德杯欧美对抗赛（1979年以前为英美对抗赛）等赛事。女子有索尔海姆杯巡回赛及各种杯赛。其中，英国公开赛、美国公开赛、美国名人赛和美国职业高尔夫球协会锦标赛是世界高尔夫球比赛最为重要的四大赛事，连续赢得该四项比赛在高尔夫球界被称为“大满贯”。

一、大满贯赛事

（一）英国公开赛

英国公开赛的全称是英国公开锦标赛，由皇家古代高尔夫俱乐部主办。英国公开赛是世界高尔夫球比赛的四大赛事之一，它是世界高尔夫史上最古老也是最负声望的大赛，首届比赛于1860年举办，当时只有8人参加，在12洞的球场上分组进行三场比赛。该项比赛9洞击球纪录为29杆，1929—1949年曾有四人先后击出过29杆的成绩。18洞纪录为63杆。如今，从规模来看，它是四大赛事中参赛人数最多的一个，1993年参赛人数达1 827人。英国公开赛为分四天进行的比杆赛，共打72洞。亨利·瓦多是该项比赛获胜最多的球员，共6次。

（二）美国公开赛

美国公开赛由美国高尔夫球协会（USGA）主办，全称为美国公开锦标赛，是世界上最高水平的高尔夫球四大赛事之一，始于1895年。美国公开赛分四天举行，每天打18洞，共72洞。首届比赛在罗德岛的新港举行，比赛仅有9洞，比4场，共36洞，1898年后改为72洞。历届美国高尔夫球公开赛大多由美国总统开球。该比赛18洞击球纪录为63杆，曾有三人先后击出过这一成绩。

（三）美国名人赛

美国名人赛（也称“大师赛”）可谓世界高尔夫球比赛之最，它具有特殊的参赛规定，其总奖金和冠军奖金是四大赛事中最高的。美国名人赛是四大赛事中唯一场地固定的比赛，每年4月均在佐治亚州奥古斯塔国家高尔夫俱乐部（Augusta National Golf Club）举行，由奥古斯塔高尔夫球俱乐部主办，是只有达到限定资格的选手才可参加的世界最高水平的比赛。第一届名人赛是在1934年的3月22日以奥古斯塔邀请赛之名举办的，1938年正式采用“名人赛”这一比赛名称。直到1940年，才改在4月份的第一个完整的礼拜举行。该赛事每年举行一次，其间仅有1943—1945年未举办。美国名人赛获胜次数最多的球员是杰克·尼克劳斯，共 6 次。

（四）美国职业高尔夫球协会（PGA）锦标赛

美国 PGA 锦标赛是四大赛事之一，创立于 1916 年。PGA 锦标赛在四大赛事中奖金总额和冠军奖金额仅次于美国名人赛，列第二位。该比赛每年 8 月举行，是四大赛事的最后一项。1916—1957 年赛事采取比洞赛方式，1958 年至今采取 72 洞的比杆赛方式。沃特·霍根和杰克·尼克劳斯分别赢得 5 次冠军，是此项赛事获胜最多的球员。

二、最具影响力的团体赛事

（一）莱德杯

莱德杯高尔夫球赛始于 1927 年，原先是美国和英国的高尔夫球团体对抗赛。在 1927—1977 年的 22 届比赛中，美国队 19 次获胜，占据了压倒性优势。1979 年起改为美国队与欧洲联队进行对抗，形成旗鼓相当的局面。自那以后的 10 届比赛，美欧各胜 5 次，平分秋色。由于美欧两地汇集了几乎所有世界级高尔夫球手，双方的比赛精彩纷呈，因此莱德杯也成为最重要的职业高尔夫球团体赛。莱德杯赛每方有 12 人参加，逢单数年举行，采用比洞赛方式。比赛分 3 天进行，共 28 场。头两天是四人赛和四球赛，共 16 场，最后一天是 12 场单人赛。四人赛是双方各出两人，轮流击球。这对两人之间对球的理解和相互配合要求很高。四球赛则是双方各出两人，四个人同场较量，每人各自击打各自的 4 个球，最终每方取两人中成绩较好的一个作为比赛结果。这一方式考验的是选手的抗干扰能力。单人赛则是真刀真枪的一对一较量，每场比赛胜者得 1 分，败方 0 分，若打平则各得半分。上届冠军只需 14 分就可保杯，而挑战一方需要 14. 5 分才能夺杯。由于比洞赛是按洞计算成绩的，每一洞都要从零开始，因此比赛更富刺激性。莱德杯赛上的表现不仅代表个人，更关系到国家的荣誉，因此所有选手无不全力以赴，每洞必争，其紧张激烈、扣人心弦，完全可与其他竞技大赛媲美。到莱德杯现场观战的球迷远远超过了其他高尔夫球赛事的观众，每次打出精彩的球都有震耳欲聋的欢呼喝彩，一点不亚于足球比赛中踢进一个关键入球后的场面。莱德杯是职业高尔夫球赛中最激动人心的比赛。近年来，在世界排名前 20 位的高尔夫球手中，美国选手总是占据一半以上，因此每次莱德杯开赛时大家都认为美国队会获胜。然而美国人虽然在单人赛上占据优势，但欧洲选手的集体荣誉感、自信心以及相互配合均超过了美国队，四人赛和四球赛中美国选手常常败北。1995 年，美国队在本土丢掉了莱德杯，1997 年赴西班牙挑战又告失利。1999 年，美国队在开局不利的情况下上演了大逆转的精彩一幕，最终以 14.5∶13.5 战胜了欧洲联队获得冠军。

（二）世界杯

高尔夫球世界杯赛是世界高尔夫运动最高水平的一项赛事，每年举办一届。它是高尔夫运动四大国际赛事中唯一的球员代表国家或地区参赛的锦标赛。

高尔夫球世界杯赛始于 1953 年，创始人是加拿大的商人约翰·杰·霍普金斯。第一届比赛时，它还只是一个被称作“加拿大杯”的小型赛事，仅有 7 支 2 人队在蒙特利尔参赛。1967 年起更名为世界杯赛。1981 年和 1986 年因故中断了两届。至 2005 年已举办了 51 届。

高尔夫球世界杯的决赛共有 32 个国家和地区的代表队参赛，每队由两名选手组成，参赛选手均为职业高尔夫球员。比赛采用世界通用的苏格兰圣·安德鲁斯皇家古代高尔夫球俱乐部和美国高尔夫球协会审定的高尔夫球比赛规则以及竞赛委员会审定的当地规则。决赛方式为 4 轮 72 洞比杆赛，同时进行队际赛和个人赛，在四天的赛事中两名选手分数总和最低的队为优胜队，将获得世界杯，而在第四轮比赛中得分总和最低的个人将获得国际奖。

世界杯赛的入选资格为：本年度世界杯决赛的前20名可以直接进入下一年度的决赛，另外每年将在两个不同国家或地区举行预选赛，其前4名可以获得该年度决赛的席位，主办国的代表队可以直接进入决赛，其余决赛席位由国际高尔夫球协会决定。

三、世界女子高尔夫球比赛

（一）克蒂斯杯（The Curtis Cup）

克蒂斯杯由美国女子高尔夫球联盟和美国高尔夫球协会主办，首届克蒂斯杯比洞赛于1932年举行，由英国与美国的女子业余选手角逐，但两国间非正式比赛早在1905年就已开始。该奖杯由曾是美国女子业余冠军赛冠军的克蒂斯姐妹捐赠。

（二）索尔汉杯（The Solheim Cup）

索尔汉杯由欧洲女子职业高尔夫球巡回赛和美国女子职业高尔夫球巡回赛主办，也称为“泛大西洋女子职业队比赛”或“女子比赛的莱德杯”，每两年举行一次。比赛由闻名全球的PING高尔夫球具公司的创始人卡斯特·索尔汗（Karsten Solheim）赞助。

（三）美国女子公开赛（US Woman Open）

美国女子公开赛由美国高尔夫球协会主办，它始办于1946年，主要是为职业球手举办的。

（四）英国女子公开赛（British Woman Open）

英国女子公开赛由英国女子高尔夫球联盟主办，始办于 1976 年，首次比赛在福佛球场举行。

四、亚洲高尔夫球重大赛事

（一）亚洲职业高尔夫球巡回赛

亚洲职业高尔夫球巡回赛是亚洲高尔夫运动最高级别的赛事，也是一项世界级的高尔夫运动大赛，具有很强的影响力。2004 年 10 月，亚洲职业高尔夫球巡回赛首次登陆我国三亚。根据亚龙湾高尔夫球会与亚洲巡回赛组织的协定，从 2003 年起，亚龙湾高尔夫球会连续 5 年举办亚洲职业高尔夫球巡回赛，又称“三亚公开赛”。

（二）亚洲大师赛

亚洲大师赛创立于 2002 年，赛事前身是源自 1994 年的沃尔沃（VOLVO）马来西亚大师赛。第一届沃尔沃亚洲大师赛曾经在泰国曼谷举办，当时 18 岁的韩国年轻选手罗相昱成为冠军，中国头号选手张连伟曾经赢得该赛事 1995 年、1996 年两届冠军。亚洲大师赛参赛者多为本年度的赛事冠军或比赛成绩始终保持上游的选手，它代表了亚洲巡回赛的最高水平。

第二节　国内重大赛事

一、中国职业高尔夫球联盟杯赛

中国职业高尔夫球联盟杯赛由国家体育总局小球管理中心批准，中国高尔夫球协会主办。中国职业高尔夫球联盟杯始办于 2001 年，前身是 BAT（指英美烟草中国公司）中国职业高尔夫球联盟杯，是一项区域性与国际性相结合的职业高尔夫球比赛，是我国最早的高尔夫职业赛事之一。联盟杯自开赛以来已经在北京、上海、天津、深圳、辽宁、陕西、云南、海南、广东、山东、江苏等十多个省市举行了 30 场重大比赛，名副其实地成为中国人自己的高尔夫职业赛事第一品牌。

2005 年中国职业高尔夫球联盟杯赛——天津华纳精英赛在天津华纳国际高尔夫球俱乐部开杆，比赛分三天进行，总奖金为 50 万元人民币，其中冠军奖金为 8 万元人民币。

二、中国业余高尔夫球巡回赛

中国业余高尔夫球巡回赛由中国高尔夫球协会主办、中信朝阳高尔夫管理有限公司冠名赞助。这个 2001 年诞生的赛事，目前已成为中国级别最高、规模最大、影响最广的赛事。

三、汇丰冠军赛

汇丰冠军赛于 2005 年 11 月首次在中国上海的佘山国际高尔夫俱乐部

举办，总奖金额高达500万美元，吸引了包括欧巡赛、澳巡赛、亚巡赛及阳光巡回赛等职业高尔夫球巡回赛单站冠军在内的共75名高尔夫球好手参加，其中包括当时世界排名第一的泰格·伍兹和排名第二的辛格，这也是泰格·伍兹首次在中国参加正式的世界排名赛。“汇丰冠军赛”定于每年11月举办，为的就是等到各大巡回赛结束，冠军都出来以后才确定最终的邀请名单。

四大巡回赛获胜者的参赛令这一赛事云集了世界高尔夫总排名中最优秀的选手，可以称得上是在中国举办的真正意义上的国际冠军锦标赛。2009年，汇丰冠军赛正式被世界高尔夫锦标赛（World Golf Championship）接纳，并成为PGA巡回赛赛程中的一站。

汇丰冠军赛的赛事阵容以“汇集世界各地冠军球手”为特色，赛制为72洞个人比杆赛。

四、沃尔沃（VOLVO）中国公开赛

自从1995年首届沃尔沃中国公开赛在北京举行以来，这项比赛已发展成为中国地区首选职业高尔夫赛事，吸引了海内外各界人士的广泛注意。10年来沃尔沃公司一直赞助举办这项赛事，并与两大伙伴——中国高尔夫球协会和富通环球公司紧密合作，共同推动高尔夫运动在中国的发展。2005年11月25日，在上海旭宝高尔夫球俱乐部举行的沃尔沃中国公开赛迎来了10周年，同时，该赛事还首次成为亚洲巡回赛和欧洲巡回赛联合赛事。为了庆祝中国公开赛举办10周年，该届公开赛总奖金额从原来的50万美元增至100万美元，冠军奖金也相应提高到66万美元。该届公开赛吸引了不少欧洲巡回赛明星参赛，其中包括前英国公开赛冠军保罗-劳瑞等。另外，组委会还专门邀请了中国著名选手、2003年中国公开赛冠军张连伟及1997年冠军程军等参赛。

五、中国高尔夫球巡回赛

2005 年 7 月 5 日，中国高尔夫球协会（CGA）正式宣布中国高尔夫球巡回赛启动。举办此次高尔夫球职业巡回赛，旨在加速为中国培养出国家级的高尔夫球员。中国高尔夫运动真正的未来、长远的发展不是靠花巨资邀请世界超级高尔夫球星来中国献技，而是要培养出我们自己的球星。

六、沃尔沃（VOLVO）中国青少年冠军赛

沃尔沃中国青少年冠军赛由中国高尔夫球协会主办，其在国内最具权威性的高尔夫专业媒体《高尔夫》杂志、《东方高尔夫》电视栏目、《高尔夫周刊》的鼎力支持下应运而生。国内 15 ~ 17 岁、13 ~ 14 岁、11 ~ 12 岁年龄组男、女青少年优秀选手汇聚于此次比赛，通过两轮比杆赛，决出各年龄组总冠军。

第七章
部分高尔夫名人简介

一、高尔夫名人堂

世界高尔夫名人堂（World Golf Hall of Fame）坐落在佛罗里达州圣·奥古斯丁的“世界高尔夫村”内（见图 7－1），是美国职业高尔夫球协会巡回赛机构（PGA Tour）建设的一个特殊的纪念馆，用来表彰纪念那些对世界高尔夫运动发展有着杰出贡献的人士，激励世界各地的高尔夫球手和爱好者。著名球星加利·皮亚被邀请作为名人堂的“全球高尔夫大使”。1998 年以前，名人堂一直设置在美国北卡罗来纳州的松林高尔夫球场（Pinehurst Golf Course）内。1998 年，美国 PGA 巡回赛机构在杰克逊维尔去往奥兰多的高速公路旁建设了一座永久式的纪念馆，之后，世界高尔夫名人堂就搬到了这里。从高速公路上能够遥望到名人堂高 110 英尺（约 33 米）的奖杯塔。名人堂主体建筑有两层楼高，单层面积估计有 3 000 米^2 左右。通往名人堂主体建筑的人行步道用灰色的砖头铺砌而成，上面雕刻着世界上著名高尔夫人士的名字。

名人堂内有两个核心部分和一个特别部分。第一个核心是位于二层楼的“壳牌”厅（Shell Room），第二个核心就是奖杯塔。在“壳牌”厅内其中一面墙上整齐地排列着刻有名人堂成员姓名的铜匾，截至 2012 年共 141 人；奖杯塔三层楼的楼顶悬吊着刻有这 141 人名字的水晶条，排列成螺旋式上升形状，上方的屋顶开了一个天窗，灿烂的阳光可以照耀水晶条上这些杰出的高尔夫人士的光辉人生，他们的名字穿越了时空，成为其他人学习、模仿的榜样。

图7－1　世界高尔夫名人堂

特别的部分就是位于二层楼的一间“名人更衣柜展览室”。所有入堂的名人在此都有一个属于自己的更衣柜，大部分名人把自己曾经用过的球包或其他物品（有鞋、球、手套、球座等）放在柜子里，比如尼克劳斯、帕尔默、皮特·戴伊、加利·皮亚、尼克·佛度等。对那些早已作古的名人（如阿里斯特·麦肯兹、唐纳德·罗斯等），名人堂的工作人员就去联系他们的后人，取得一些他们曾使用过的物件拿回来摆放在这里。

二、部分高尔夫名人介绍

（一）鲍比·琼斯（Bobby Jones，1902—1971）

鲍比·琼斯是美国业余高尔夫球运动员（见图7-2）。被许多权威誉为历史上最伟大的高尔夫球手。他原名罗伯特·泰尔·琼斯，出生于亚特兰大，小时候是公认的高尔夫神童，在12岁时就夺得了亚特兰大东湖乡村俱乐部的冠军，一年之后就在那里创造了68杆的场地纪录；14岁时因在马里恩赢得1916年全美业余高尔夫球赛冠军，在国内崭露头角。1922年毕业于佐治亚理工学院（现已成为佐治亚理工大学），并于1924年在哈佛大学获得法律学位。1923—1930年，4次获得美国公开赛冠军，3次获得英国公开赛冠军，5次获得美国业余高尔夫球锦标赛冠军，1次获得英国业余高尔夫球锦标赛冠军，一共获得13次国家级比赛冠军，占他参加比赛的62%。其中，他于1930年连获英国和美国公开赛及业余锦标赛冠军，成为唯一的在一年内获得这4次主要比赛冠军奖杯的选手。这次大满贯成为高尔夫历史上最为显赫的成绩。琼斯的高尔夫生涯辉煌而短暂，完成这次大满贯时才28岁，而他随之退役了。退役之后，琼斯干了很多事情，他出了三本书，为斯伯丁公司设计了一套高尔夫球杆，又和华纳兄弟影业公司合作拍摄了系列短片。但和狮子影业公司合作的干劲又转化为对梦幻球场的追求，在几个投资者的帮助下，他在乔治亚州的奥古斯塔购买了365英亩的土地，这个地方在内战时期是一片槐兰种植园，后由一位叫富鲁德兰的比利时贵族改作苗圃，高低起伏的乡间种植了各种树木和花草。著名的苏格兰球场设计师阿里斯特麦肯齐为之设计了蓝图。1934年名人赛诞生了，琼斯做主持，奥古斯塔的共同创建人克利福德罗伯茨做赛会主席，实际上这项比赛当时叫奥古斯塔全国邀请赛暨琼斯邀请赛，请大家来享受美妙的高尔夫和美妙的时光。在琼斯处在高尔夫舞台中心的短暂年度里，他令大洋两岸的无数高尔夫球迷疯狂。

图 7－2　鲍比·琼斯

（二）吉恩－萨拉森（Gene Sarazen）

吉恩·萨拉森（见图 7－3）不可磨灭的印记开始于他设计的用于沙坑内的角度杆。在 1935 年大师赛中，他在打到第 15 个洞时，离领先者还差 3 杆，从 230 码左右之外打出一个信天翁，一杆解决了 3 杆的问题。第二天又在 36 洞的延长赛上获得大胜。吉恩的父母都是移民，他本来是个球童，在 20 岁时赢得了美国公开赛和职业高尔夫球锦标赛，实现了他的美国梦。1923 年吉恩连续两次夺得美国职业高尔夫球赛冠军，但或许成功来得太多、太早，以至于他在接下来的 10 年里一直状态不佳。30 岁生日即将来临时吉恩仔细地分析了自己的问题，认为应该改变沙坑技巧以便提高自己的成绩。这个灵感是他和亿万富翁霍华德修斯的一次飞行中得到的，飞机起飞时副翼向下而飞机却上升，所以吉恩就想如果将 9 号铁杆底部降低些或许更有助于球从砂中飞起，于是他在球杆的背部焊了一层厚厚的凸缘并构成一定角度，当凸缘先着地时会使前段向上跳，这样就能将球溅起，如今的 2 300 万球员用的挖起杆的发明者就是吉恩。在整个 20 世纪

图 7 – 3　吉恩 – 萨拉森

二三十年代，萨拉森被质疑是像博比琼斯和沃尔特哈根一样的高尔夫精英球员，并抓获 39 个美巡赛冠军和完成七个大满贯赛。

（三）本 – 霍根（Ben Hogan）

国籍：美国

出生日期：1912 年 8 月 13 日

出生地：得克萨斯州斯蒂芬维尔

身高：1.74 米

体重：66 公斤

转入职业赛：1930 年

职业冠军：68 个

美巡赛冠军：64 个

团体赛冠军：1 次（1956 年）

个人赛冠军：1 次（1956 年）

霍根（见图 7－4）当年是世界上最伟大的一位球手。他以 68 杆、69 杆、72 杆、68 杆的成绩带领美国队横扫世界杯。《高尔夫画报》（*Golf Illustrated*）编辑汤姆－史葛（Tom Scott）对霍根有这样的评价："他的技术是高尔夫的一项完美示范，相信在英国是前所未见。"当年在英国文特沃思（Wentworth）举行的世界杯，三天内便吸引了超过 3 万名现场观众。他们的目的在于欣赏第一次，也是唯一一次霍根的精彩演出。

图 7－4 本－霍根

1930 年 1 月，不到 18 岁的霍根在德州公开赛上转成职业高尔夫球员。1935 年 4 月，霍根结婚。1938 年，霍根在美巡赛奖金榜上位居第 13 名，但是奖金不足以支撑生活，无奈他只能再找一份高尔夫俱乐部的工作。霍根成为纽约世纪乡村俱乐部的助理教练，之后成为主教练，一直到 1941 年。

霍根的高尔夫生涯起飞相当慢，从 1931 年转入职业赛之后，等了七个年头才拿到他的第一座冠军奖杯。但自 40 年代起，他即君临整个美国排行榜（US Money List）。到第二次世界大战结束后，他再度夺下另一个四大赛王座，即 1946 年于波特兰举行的美国 PGA 锦标赛冠军。36 岁时，霍根已是全球最佳的高尔夫球手。然而，就在他最鼎盛的黄金时期，命运悄悄地给他致命的一击。

1948 年是霍根丰收的一年，他赢得一系列的四大公开赛冠军，包括美国公开赛，美国 PGA 锦标赛以及西方公开赛（Western Oren）。他家的厅堂始终吸引着一批同行，他们都希望霍根的奇迹也能在他们身上出现。

但是，就在 1949 年 2 月 2 日，那天正是星期天，霍根偕同妻子薇拉里开车到德州 Peco 附近，在薄雾笼罩中和一辆灰狗巴士相撞，霍根受了重伤。这个事件的新闻报道如雪片般飞遍全美，甚至医院还发布一则冷酷的消息，即霍根可能会因伤重而告不治。

然而，霍根还是生还了。他缓慢而痛苦地重新学走步，之后，他骑着机车冒险地再次进入高尔夫球场，而且不停地运动，好让他病弱的身体早日康复。到了 1950 年的 1 月，他已在洛杉矶瑞维拉（Riviera）球场上练球，准备击败一些名将，如洛依·曼格伦（Lloyd Maugrum）和吉米·迪马瑞特（Jimmy Demaret）。球场上有大批球迷聚集，他们都想知道他们心目中的偶像是否能从这次意外事件中恢复过来，且再重新出击。当发球播报员介绍他走到第一个发球台时，全场欢声雷动。霍根击出 73 杆的成绩，虽然他走得很痛苦，球界英雄终于还是回来了。

三个星期后，霍根赢得白硫磺泉比赛的冠军，总杆数低达令人惊异的 259 杆。6 月，他又转往墨里昂（Merion）去参加美国公开赛，此时，媒体和一般民众的期待已被抬得热烘烘的。

虽然，霍根还是感受到车祸后的疼痛，他还是奋力打完两场，而在当天比赛结束时，与乔治·法兹欧（George Fazio）及洛依·曼格伦打成平手。幸而他的后力源源不绝，在加赛中终以 69 杆击倒曼格伦，整整领先了他 4 杆。

霍根复出后，胜了一场又一场。1951 年，他以终场 68 杆的成绩赢得美国名人赛。在奥克兰山庄举行的美国公开赛中，他以最后一轮 67 杆的成绩卫冕成功。两年后，他更是超越了自己以往的成就，赢得所参加的三场四大公开赛，包括在奥克蒙（Oakmont）举办的美国公开赛、名人赛，以及在苏格兰卡诺斯提（Carnoustie）举办的英国公开赛。

霍根非常讨厌海外旅行，在 1953 年之前，他从未参加过英国公开赛。对一个从美国来的旅客而言，卡诺斯提与德州（他的家乡）在每一个地方都恰恰成对比。食物不对味，霍根干脆就在车上随便吃点东西。球场上强风呼啸，远远还有湍急的水流流经最后几个洞。美国记者常喜欢以“在月亮上打球”来比喻卡诺斯提球场的难度。霍根视察测量了该球场达一个礼拜，而且在练球时将球打到各种不同的球道，以便探知最容易入球的方位。一旦他表现的水平越来越好，热泪也在他的眼中强忍欲滴。

在比赛中，霍根打的杆数一场比一场低，从 73 杆降到最后一场的 68 杆。尽管球道凹凸不平，观众席上哄闹喧腾，霍根最终还是赢得了冠军，而且尽享衣锦荣归的风光，家乡为他办了一个彩带满天飞的游行，美国总统艾森豪威尔也与他相晤闲谈。

1953 年，霍根连续赢得美国大师赛、美国公开赛和英国公开赛，当年他参加了六场比赛，五场都获得胜利，包括三个大满贯赛，被称为“霍根大满贯赛”。这是高尔夫历史上第一次出现一位球员在一年中赢得三个大满贯，一直到 2000 年伍兹才平了这个纪录。1953 年霍根就差赢得美国 PGA 锦标赛冠军，是因为他一直拒绝参赛。一个原因是 PGA 锦标赛在 1958 年来一直是比洞赛，霍根能够打出精彩的一轮或者一场比赛，善于运用策略去获胜，因此不喜欢比洞赛。另一个原因是美国 PGA 锦标赛每天都需要打 36 个洞，在 1945 年的车祸之后，霍根每天只能打 18 个洞。

1953 年的美国大师赛，霍根创造了低于标准杆 14 杆的总成绩，这个纪录一直维持了 12 年。至今，也只有八位球员在美国大师赛上创造过这么好的成绩，分别是尼克劳斯、弗洛伊德、克伦肖、伍兹、杜瓦尔、米克尔森和苏瓦泽尔。1967 年，已经 54 岁的霍根在奥古斯塔最后 9 洞创造了 30 杆的最低杆，这个纪录一直维持到 1992 年。霍根从来没有参加美巡赛常青巡回赛，因为当时并不存在，直到他 60 岁的时候才出现。

然而，霍根自此再也无法超越这样的顶峰，尽管如此，他仍然拒绝退休。在他 54 岁时，他仍可在 1967 年的美国名人赛打出第 10 名的成绩来。

霍根追求完美的个性，使他不能成为广受欢迎的人物，尽管如此，他的一生还是被好莱坞拍成了电影，就整部高尔夫球史来说，他的故事是迄今为止最精彩的一段。

霍根创立了挥杆理论，被称为挥杆的鼻祖。他写了“五个课程：现代挥杆基础”，被广泛传播。《挥杆的五个课程》于 1957 年 3 月 11 日开始被出版，至今已经被印刷了 64 次。

（四）杰克·尼克劳斯（Jack Nicklaus，1940—）

杰克·尼克劳斯是美国职业高尔夫球手。他在高尔夫球职业运动生涯中共赢得 18 场职业四大赛事的冠军，包括四次美国公开赛（1962 年、1967 年、1972 年、1980 年），五次 PGA 锦标赛（1963 年、1971 年、1973 年、1975 年、1980 年），六届名人赛（1963 年、1965 年、1966 年、1972 年、1975 年、1986 年）及三场英国公开赛（1966 年、1970 年、1978 年）。他还拿过两次美国业余冠军（1959 年、1961 年），赢过 PGA 巡回赛的 70 场胜利，获得八次奖金王。他六次代表美国参加莱德杯，入选 1974 年世界高尔夫球名人堂，1988 年当选“世纪高尔夫球手”。另外，他在球场设计方面的杰出表现可以和其辉煌的运动生涯相媲美。

（五）泰格·伍兹（Tiger Woods）

国籍：美国

出生日期：1975 年 12 月 30 日

出生地：加利福尼亚塞普雷斯

身高：1.88 米

体重：81 公斤

转入职业赛：1996 年

泰格·伍兹（见图 7－5）之所以叫 Tiger，是因为曾经在越南一个叫作 Tiger 的人对他的父亲有过救命之恩，父亲为了让自己的孩子能记住这个恩人，所以为其取名为 Tiger Woods。

泰格·伍兹的父亲是美国人，母亲是泰国人，而他是黑色皮肤。至成名之后，人们习惯上称他为“老虎”，因为“泰格”在英文中是“老虎”

图 7－5　泰格·伍兹

的意思，“伍兹”的意思是“树林”。可见他的父母当初给他起名字时也是颇动了一番脑筋，林中的老虎自然是如鱼得水般地潇洒自在。泰格·伍兹的儿童时代过得并不是那么轻松，他的家庭经济能力较差，能吃饱肚子的时候就该要偷笑了，所以可千万别认为高尔夫球只是有钱人的娱乐。懂事的小泰格为了减轻父母的经济负担，在上学之余自己悄悄跑到高尔夫球场做起球童来，帮那些玩球的有钱人做捡球、拎包等事情，挣点小费以填补自己学校的费用或者生活费。泰格·伍兹孩童时就表现出了非凡的高尔夫天赋。他在18岁时成为最年轻的美国业余比赛冠军，然后又史无前例地在1994年、1995年和1996年完成了该赛事的帽子戏法。1996年夏天，泰格·伍兹对着电视镜头豪迈一挥手："世界，你好！"招呼过后，便开始了他野心勃勃的职业生涯。从历史上第一个职业高尔夫黑人球员，到坐上世界排名第一的宝座，伍兹只用了不到三年的时间，他也成为用最短时间实现高尔夫球大满贯的最年轻球员。在八年半的职业生涯当中，伍兹已经夺得了42座PGA巡回赛冠军奖杯，他一度让米克尔森这样的对手不得不在与他比赛前"看心理医生以克服恐惧"。在上一代的高尔夫球王者——"金熊"尼克劳斯退役之后，泰格已经成为当今高尔夫球界无可争辩的王者。

（六）罗里－麦克罗伊

国籍：北爱尔兰

出生日期：1989年5月4日

身高：1.75米

体重：73公斤

麦克罗伊（见图7－6）出生在北爱尔兰"好莱坞"，一个与鼎鼎大名的美国好莱坞同名的小地方。他的家境很一般，小时候为了供小麦练球和比赛，父母要干多份工作。不过这位天才少年很小就展现出了过人的天赋。他在两岁的时候就能用1号木杆打出40码，五岁时正式拜师学艺，七岁开始正式的高尔夫训练，2006年成为欧洲业余排名第一的选手，一年后加入职业高尔夫界，九岁时打出第一个一杆进洞，接着夺得世界十岁以下儿童组冠军。

过去，人家喜欢称呼小麦为“崩盘王子”。2010 年的英国公开赛，他用一个 63 杆书写了 150 年公开赛历史上的首轮纪录，可随之而来的，是第二轮大崩溃般的 80 杆；2011 年的美国名人赛，他连续三天单独领先，却在最后一天再现 80 杆的“业余”表演。2011 年 6 月 20 日他荣获美国公开赛的冠军，并创造了该赛事的历史最佳成绩。在这次比赛中，他在后三轮每轮成绩均创赛事最低纪录，是史上第三位四轮比赛均打出低于 70 杆的球员。

麦克罗伊以 22 岁 46 天的年龄成为美国公开赛自 1923 年来最年轻的冠军不仅不让人意外，反倒让人觉得有些迟。他本有希望打破伍兹保持的 21 岁 100 天的最年轻大满贯冠军纪录，但 2010 年的英国公开赛，他首轮打出 63 杆，次轮竟然挥出 80 杆，最后屈居第三。2011 年 4 月的美国大师赛，他又有希望成为伍兹之后第二年轻的赛事冠军，可在前三轮单独领先后，第四轮又打出了 80 杆。

图 7－6　罗里－麦克罗伊

幸好这一次，麦克罗伊终于得到与天赋相符的成就，他没有让自己等待太久，也没有让高尔夫界等得太久。在“老虎”衰落之后，高尔夫迫切需要一名新的领军人物和超级偶像。麦克罗伊无疑是最符合条件的球手，他不仅潜力无限，而且外形阳光帅气，出身穷困家庭，爱玩 Facebook 和微博，经常与网友互动，一改高尔夫球手贵族、保守的形象。

麦克罗伊还代表了新一代球手的崛起，算上这次美国公开赛，澳大利亚人简森－戴伊已连续两次屈居大满贯亚军，而简森－戴伊也才 23 岁。

三、中国部分优秀球员

（一）张连伟

国籍：中国

出生日期：1965 年 5 月 2 日

出生地：广东

身高：1.78 米

体重：72 公斤

转入职业赛：1994 年

张连伟（见图 7－7），一个中国职业高尔夫运动的传奇人物，一个闪亮在亚洲乃至世界高尔夫球坛的中国名字；他代表着中国高尔夫年轻的历史和骄傲的成就，是新一代球手们追随的榜样；他身形矫健，神态自若，言谈之间沉稳与激情相融，大将风度卓然显现。张连伟初中毕业后在珠海市体委当标枪和篮球运动员，成绩平平。1985 年珠海第一家高尔夫球场——珠海国际高尔夫俱乐部建成后，体委招运动员转行学高尔夫球和保龄球，对这两项都一无所知的张连伟随意挑了前者，正是这个无意中的决定成了他一生事业的转折点。在日商独资管理的球会，张连伟当起了球童，工资很低，但出于对打球的迷恋，他执着地投入了小白球的世界。为了得到成为职业选手的机会，他后来又转会到更适于个人发展的深圳高尔夫俱乐部，直至今日。不久，张连伟开始参加业余比赛，1994 年代表中国在广岛亚运会上夺得个人亚军，回国后被中国高尔夫球协会批准转为职业选手。2004 赛季，张连伟在 2003 赛季完美谢幕之后，收到了来自美国名人赛的邀请，在奥古斯塔开出第一杆。这一刻，张连伟创造了历史，他是历史上第一位开出名人赛第一杆的中国内地球员。在 2004 赛季，张连伟两个冠军的表现堪称完美。首先，在欧巡赛和亚巡赛共同认可的赛事——新加坡大师赛中，经过 72 洞的漫长角逐，张连伟终于凭借最后一洞的小鸟球，一杆险胜南非名将恩尼·埃尔斯。这是中国人第一次、亚洲人第五次拿下欧巡赛的冠军。随后，在 11 月举行的沃尔沃中国公开赛中，张连伟拿下了他梦寐以求的中国公开赛冠军。这样他以奖金榜第二位的骄人战绩结束了本赛季的华丽演出。2006 赛季，张连伟的推杆不太稳定，一直在进行调整，因此战绩不太理想。但进入 2007 赛季，张连伟开始爆发，除了连续取得两个中巡赛的冠军，他还取得了北京公开赛的并列第十名和澳门公开赛的第五名，这场赛事也使张连伟职业生涯的奖金总数超过 100 万美

图 7－7　张连伟

元。2005 赛季，40 岁的张连伟在名将古森和坎贝尔之后拿下了大众大师

赛的第三名。同年，他作为亚洲队的一员，参加了朝王杯，并取得了胜利。他也是唯一一位六次参加朝王杯，并保持全胜的队员。

（二）梁文冲

国籍：中国

出生日期：1978 年 8 月 2 日

出生地：广州

身高：1.76 米

体重：74 公斤

转入职业赛：1999 年

虽然在很多人眼里，高尔夫球被贴上了“贵族运动”的标签，但梁文冲（见图 7－8）却是一个地地道道的草根选手。1993 年，广东中山温泉高尔夫球会俱乐部准备培养一批国内青年高尔夫球手，农家子弟梁文冲被选中。这是中国第一批正式培训的高尔夫球手。在球会教练的悉心指导下，他的成长速度令人惊讶。两年不到，他就获得了 1995 年中国青少年公开赛冠军和中国业余公开赛季军。从 1996 年至 1998 年，他七次夺得国内业余大赛的桂冠。梁文冲曾不止一次说：“如果不打高尔夫球，像我这样的农村孩子，现在也可能就是一个打工仔，是高尔夫球改变了我的命运。”17 岁那年，梁文冲便打出了低于标准杆的成绩。随后他拿下了连续三届中国业余公开赛的冠军。1999 年，梁文冲转为职业球员，他说：“进入职业赛后打球不再是单纯的乐趣，而是严肃的事业。”经过亚巡赛和日巡赛的多年打拼，2007 年，他赢得了欧巡赛的新加坡大师赛的参赛权，并且成为继张连伟之后第二个参加大满贯赛事的中国球员，达到了自己职业生涯的第一个顶峰。梁文冲作为业余选手时在国内所向无敌的比赛成绩，以及转职业后惊人的成功已经吸引了外界关注的目光。“张连伟第二”“亚洲的泰格·伍兹”等称号充分表明了公众对梁文冲所寄予的厚望。而他在加入职业阵营后以一如既往的胜者形象进一步提升了人们对他的期许。在开启职业生涯不到半年的时间里，他已登上国内职业比赛排行榜榜首位置。“我对获胜感到很兴奋，因为这证明我转职业是正确的。”他说。

中国的高尔夫球迷们对他寄予厚望，认为他是最有可能创造奇迹的中国高尔夫球员，甚至期待他有一天能拿下中国人的第一个高尔夫大满贯赛事冠军。同时他也是代表我国参加2016年里约热内卢奥运会的热门选手。“梁文冲的成功势必会掀起中国高尔夫的第二个浪潮，这一点非常像21世纪初张连伟不断取得胜利令中国的高尔夫得到普及一样。”亚巡赛执行主席齐拉汉说，“梁文冲代表了中国高尔夫的新时代。他今后的发展肯定会给他的祖国乃至整个亚洲的职业高尔夫事业留下永久的烙印。”

图7－8　梁文冲

（三）曾雅妮

国籍：中国台湾

性别：女

出生日期：1989年1月23日

出生地：中国台湾桃园县龟山乡

身高：1.68米

曾雅妮（见图7－9）出生于台北一个普通家庭，爸爸是东方林口高尔夫球俱乐部会员。小时候，在爸爸的带动下，曾雅妮开始学习高尔夫，并渐渐喜欢上这项运动，立下了成为职业球员的志向。为了实现这个理想，曾雅妮刻苦训练，最终成为 LPGA 球手，并且逐渐实现了一个个目标：大满贯赛胜利、最佳新人奖、最佳球手奖、世界第一！曾雅妮也是中国第一个赢得高尔夫大满贯赛的选手，她在全世界已经成为家喻户晓的明星。

从 2004 年到 2006 年，曾雅妮一向是中国台湾业余高尔夫界顶级的选手。她的业余生涯高潮在于赢得 2004 年的美国女子业余公共球场锦标赛，在决赛中以一杆之差击败魏圣美。

曾雅妮于 2007 年 1 月转成职业选手。她完成了女子亚洲巡回赛的赛程，并赢得 DLF 女子印度公开赛。她同时完成了 CN 加拿大女子巡回赛程，也于温哥华高尔夫俱乐部赢得 CN 加拿大女子巡回赛。

在 2007 年 12 月取得女子美国巡回资格赛的第六名之后，曾雅妮获得 2008 年完整的参赛权利。在 2008 年 6 月之时，她赢得她生涯第一个女子巡回赛的冠军，也就是四大满贯赛之一的女子美国巡回锦标赛。她成为中国台湾第一位在女子美国巡回赛中赢得大满贯赛冠军的高尔夫球选手。以区区 19 岁之龄，她成为美国女子巡回锦标赛冠军得主中最年轻的，以及历来大满贯赛冠军得主中第二年轻的选手。

2010 年 8 月 2 日，在美国女子职业高尔夫巡回赛（LPGA）年度四大赛的最后一场——英国公开赛中，曾雅妮以总成绩 277 杆，低于标准杆 11 杆夺下冠军。她成为史上第一位在同一年包揽纳比斯科锦标赛与英国公开赛冠军的球员，也是中国台湾第一位获得英国女子公开赛冠军的选手。

2010 年 2 月 13 日，继前一周澳大利亚公开赛成功卫冕之后，曾雅妮凭借赛场良好的状态和推杆调整带来的好运，周日在澳大利亚黄金海岸皇家松树球场交出 68 杆的成绩，四轮成绩 264 杆（67 - 66 - 63 - 68），以 4 杆优势实现双周连冠。同时，凭借本站比赛获得的冠军积分，曾雅妮如愿超越韩国球手申智爱，成为女子高尔夫球坛世界第一的华人球手。

北京时间2011年6月27日消息，女子巡回赛第二场大满贯LPGA锦标赛在纽约地区的蝗虫山高尔夫俱乐部结束全部比赛。以5杆优势领先进决赛的曾雅妮打出又一66杆，以10杆优势夺冠。

图7－9　曾雅妮

她在获得大满贯的速度、年龄上，已经赶超韩国女选手朴世莉、美国天王伍兹，后者都是24岁时赢得四个冠军。曾雅妮以22岁零6个月的年龄，成为高尔夫运动历史上获得五个大满贯最年轻的球员（包括男子球员）。

（四）冯珊珊

国籍：中国

性别：女

出生日期：1989年8月5日

出生地：广东

身高：1.72米

体重：68公斤

冯珊珊（见图7－10）10岁开始接触高尔夫，在国内练球条件并不太理想的情况下，冯珊珊从一个对高尔夫完全不了解的小学生一步步走到LPGA赛场。国内训练环境不理想，在校中小学生练习的时间更少了，只能够利用课后挤出的时间训练。孩子们通常在练习场练习，因为兼顾上学可能每周只能下场一两次，同时比较缺乏世界高水平的教练。冯珊珊从练球到现在也只经历过四五个教练，其中一两个还只是初期的启蒙教练。

当冯珊珊还在中国的时候，据她说，她唯一判读果岭的机会是星期六。这些简单的背景资料介绍可以解释为什么她的击球是如此漂亮，可是她的推杆却这么不稳定。17岁那年，冯珊珊来到了美国。她的道路是一个韩国经纪人铺就的。后者在中国举行的一个赛事（注释：中国女子公开赛）中发现了她，并将她送到了一个“熟悉”的教练盖瑞－吉尔克里斯特（Gary Gilchrist）那里，后者曾经指导过魏圣美。

冯珊珊在南卡罗来纳州定居下来后，她的高尔夫球技术和英语水平都得到了飞速提高。2007年，她通过了资格学校考试，成为中国内地第一个获得LPGA巡回赛全卡的选手。冯珊珊的参赛服装包括一件印有中国地图的球衫。“因为我是唯一来自那里的人……我知道如果我打得好的话，人们会说：中国如何如何，”冯珊珊说，“他们不会说珊珊如何如何。”

在2010年首个LPGA女子大满贯比赛Kraft Nabisco中，冯珊珊因为迟到耽误了开球时间，被取消资格。冯珊珊在自己的博客中说：

“我因为Pro－am迟到而被大满贯比赛取消资格。犯了这样的错误连我自己都无法原谅我自己。我非常非常难过。这样的教训我会永远记住。我在LPGA已经是第三年了，打过很多比赛，对比赛规则也很熟悉，这次却犯了这样的错误，我感觉很惭愧和伤心。我一定会改正。高尔夫是一项自己跟自己竞赛的运动，尤其讲究公平、诚信和自律。不骄不躁、沉着冷静、持之以恒，这是蕴藏于高尔夫运动中的哲理，更是深刻的人生智慧。作为一名职业高尔夫球员，应该将对待高尔夫运动的态度和精神，同样用于生活中。从这一次的处罚中，我得到了很大的教训，也学到了很多东西。当然，我也希望我的过错能让大家引起重视，引以为戒，避免类似的事情再次发生。”

2012 年 6 月 11 日，在美国皮茨福德收杆的 2012 年世界女子职业高尔夫球四大满贯赛第二项赛事——LPGA 锦标赛上，冯珊珊以 282 杆（低于标准杆 6 杆）、领先第二名 2 杆的优势，捧起了冠军奖杯，成为首位赢得 LPGA 赛事的中国内地球员。

图 7－10　冯珊珊

第二部分

高尔夫技术与下场打球

第八章
高尔夫挥杆技术原理分析

第一节　高尔夫技术流派说

在高尔夫运动中多种因素影响着打球的效果，特别是在挥杆技术方面，受多方面因素的影响而产生了多种挥杆技术体系，产生的原因有以下几个方面：

第一，不同个体身体条件。个体的性别、年龄、身高、体重、运动肌肉类型等基础要素不同，对技术体系的影响是比较大的。

第二，多种教学体系的存在。多种高尔夫教学机构的存在，如PGA技术体系、美国职业高尔夫教练联盟体系、中国的高尔夫教练认证体系等，使得在挥杆技术方面也存在着一定的差异。

第三，错误动作合理化。同样的球杆，由于人们在练习过程中对挥杆动作的理解不同，会产生不同的挥杆技术特点，即便在练习中也存在球飞行路线的问题，但是通过调整站位、收杆等可以把球打到预计的位置，也能够取得较为理想的成绩。此现象可以称为错误动作合理化。产生此现象的原因也是多方面的，这种现象在业余球手中非常普遍。

第四，高尔夫的多因素变量特性。不同的技术体系及个人自身特点等因素影响着高尔夫运动，对打球技术也存在多种争论，如何合理理解这些争论并充分发挥个体因素作用是高尔夫球手学习及成长过程中非常重要的内容，经过多年的观察与论证，在这里推出多因素变量理论，那就是X + Y + Z + … = 目标。

第二节　轴心旋转挥杆技术体系

一、高尔夫挥杆技术原理

高尔夫的挥杆击球主要采用双手挥杆击球，主体站立握杆旋转，摆荡击球，并利用离心力击球。由击球效果来看，挥杆技术能够提高击球瞬间的杆头速度，球击打得越远，那么相对来说挥杆技术就越好。但高尔夫要求的不单纯是远度，还有方向及稳定性等技术要求，还要符合人体结构所适合的运动基本规律，降低受伤概率，由这些因素综合作用产生的最佳挥杆技术就应该是最合理的挥杆技术。

二、“轴心旋转击球理论体系”

轴心旋转击球理论体系是基于对人体生物力学进行的分析并与高尔夫运动特点相结合推出的挥杆技术体系，其核心技术由以下几个方面构成：

（一）“钟摆双线球”理论

双臂握杆后，围绕身体的转动是击球的核心动力来源，也就是高尔夫挥杆过程的“发动机”。

（二）挥杆路径与挥杆平面

1. 挥杆路径：是指挥杆过程中手臂与球杆运行的轨迹，挥杆路径的运行方向用于判断挥杆过程的方向。

2. 挥杆平面：主体挥杆路径就构成了球杆运行的平面，即挥杆平面，用来参考挥杆运动的内在要素。

3. 挥杆平面分析：由于高尔夫运动中握杆的手臂与球杆实际指向有一定夹角，在实际运行过程中手臂的运行方向与球杆的方向不是完全在一个平面中，整体看是一个立体的锥形。由挥杆平面上看，在上杆前期、下杆后期、送杆期，手臂的运行平面与球杆不在一个平面中；在上杆中期、上满杆、下杆前期、收杆期，手臂与球杆的运行整体是在一个平面的。对于此点的认识与分析是作者在高尔夫领域首次提出的。而从对球杆的控制来分析，对手臂的挥摆平面进行分析更具有核心意义。

4. 挥杆路径与挥杆平面的关系：挥杆路径是指挥杆过程中，手臂、球杆实际的运行轨迹；挥杆平面是指用平面的理念来评价挥杆路径的运行状态，挥杆路径构成挥杆平面。高尔夫挥杆的平面分析是一个较为复杂的问题，在常规的教材及电视视频中对于挥杆平面的演示主要集中在杆头的运行路径上，但由高尔夫运动的握杆及挥杆过程来看，没有能够揭示其内在的运动要素，也可以说没什么实质性的意义。

在轴心旋转技术体系中的挥杆平面是指握杆时双手臂所在的平面。遵循的原理是在一个平面中的旋转运动更顺畅，这是基本的物理现象，更有利于提高挥杆速度。挥杆平面是评价挥杆过程的重要参考指标之一，通常的挥杆平面是指由杆头运动形成的平面。由机械运动基本原理来看，挥杆平面与运动中的轴心脊柱保持垂直关系越好，运动会越流畅，杆面回正击球的概率越大，击球的效果越好。以此来判断击球中右曲球、左曲球的形成因素，是比较符合实际的。根据它来进行技术训练及调整，也是由于在追求不同的挥杆平面后会形成不同的技术体系。

（三）轴心

轴心旋转挥杆技术体系的轴心有三个：第一个是左前臂；第二个是脊柱；第三个是肩轴线。

左前臂轴心：以右手杆为例，这套轴心旋转技术体系的核心技术之一就是以左前臂为轴心，当双臂垂直地面握杆后就确定了左前臂的轴心地位。在上、下杆过程中的轴心是左前臂，但是旋转主要是依靠前臂在 180°内的旋转，并且要求手腕整体在手臂的延长线上沿着中心旋转，不能有弯曲。

脊柱轴心：在稍下蹲俯身握杆时的脊柱方向为第二个轴心，在挥杆过程中要沿着脊柱旋转上肩或髋关节，来给挥杆带来扭动的能量。

肩轴线：是指双肩的连线，在挥杆过程中肩轴线会以肩线为轴心有一定程度的转动。

（四）“轴心旋转技术体系”的具体技术环节

1. 握杆：握杆基本有三种，第一种是叠式握杆（见图 8－1），第二种是互锁式握杆（见图 8－2），第三种是棒球式握杆（见图 8－3）。笔者主要采用的是叠式握杆。以右手杆为例，在握杆时以左手握杆为主。以左手第二个指关节为底部并以手指为主握住球杆，杆尾压于掌跟下方，杆尾部与掌跟间留一个横拇指的距离，为了保持握杆的平衡及握杆的稳定性。中指、无名指、小拇指一定要握住杆（见图 8－4），在整个上杆、至顶点、下杆及收杆的过程中尽可能握住球杆，避免有松动。大拇指和食指自然握住球杆（见图 8－5）。右手的中指和无名指的第二个关节适当承担球杆的重量，右手无名指紧贴左手食指，右手小拇指翘起搭在左手中指与食指的缝隙处，拇指与食指自然握住球杆（见图 8－6）。

图 8 – 1

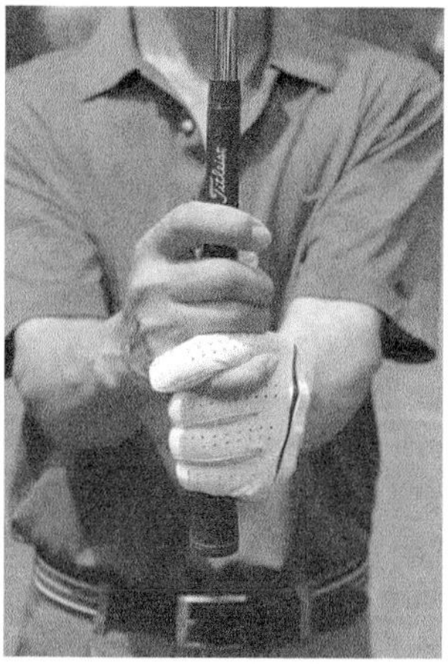
图 8 – 2

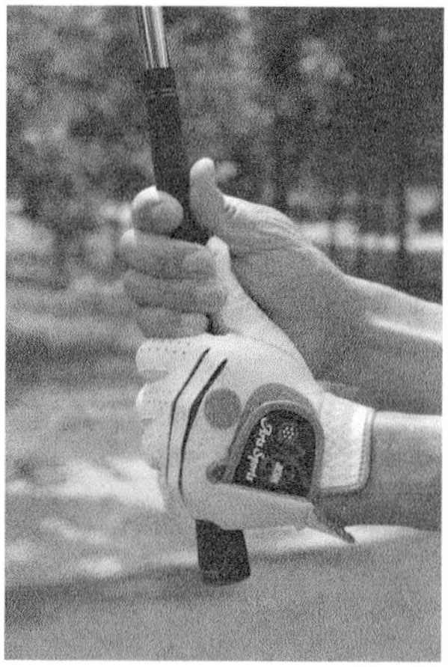
图 8 – 3

图 8 – 4

图 8 – 5

图 8 – 6

2. 站位：站位以 8 号、9 号铁杆为基础，双脚的站位与肩同宽，球位于正中央；右脚始终与出球方向平行，左脚以脚跟为圆心，外开 25°左右，外开的角度与个人膝关节的柔韧性及训练水平相关（见图 8 – 7）。然后随着球杆的变化，左脚不动，右脚按照杆号每大一号杆向外移动一颗或半颗球的距离，并逐渐站成关闭站位（见图 8 – 8）。双臂放松下垂，双膝自然微蹲，上体稍前倾，重心在全脚掌，左肩与地面垂线与左膝相齐，右肩与地面垂线与右脚前脚掌相齐。双臂自然下垂后握杆，左臂大臂稍加紧贴近上体，肘关节贴近肋骨；左手握杆，杆尾指向肚脐；右手臂前臂稍展开，肘窝朝向前方。站立时背部稍挺直，眼盯住球，肩线指向球的预期落点（见图 8－9）。

图 8－7

图 8－8

图 8－9

3. 上杆：上杆时采用左推右的原则，以左手、左臂、左侧身体上杆为主，右手要放松，采用退让原则，只是适当辅助上杆平衡就可，不参与上杆的发力，这符合体育运动收缩与放松的基本原理；上杆过程中要注意几个轴心的作用，首先就是左前臂的旋转（见图 8－10）。上杆时以杆头为启动点，围绕左前臂旋转杆头，沿着球的后方延长线摆动上杆；其次过渡到对应胸骨点的脊柱轴心进行旋转，左臂保持直臂，为了加大旋转幅度，右大臂稍夹紧，肘关节抵在右侧肋部，肩部充分旋转至最大幅度（见图 8－11）。上杆时要尽量保持上杆的流畅性，体会“荡秋千”的摆荡原理，有利于上杆后形成下杆的离心力击球；为了进一步增加身体的扭力及击球的稳定性，要注意上杆的层次，根据人体的结构可分为上（肩部）、中（髋部）、下（膝部）三个部分的转动，上杆的转动顺序是先上，然后中部、下部。在上杆及到上杆顶点时，以右脚的支撑为主，右腿及髋部尽量保持不动，这样有利于保持支撑、击球的稳定性及增加扭力，重心要尽量移到右腿。上杆时要尽量保证眼睛能够盯住球，那么头部就要尽量保持稳定（见图 8－12）。

图 8－10

图 8－11

图 8－12

4. 至顶点和下杆：这套轴心旋转技术体系最突出的部分就是轴心旋转的理论体系，该理论体系是为了提高击球的挥杆速度及杆面回正的概率而形成的。上杆过程中当转肩幅度逐渐加大时，左臂上杆的方向不是向身体后方的，而是沿着握杆准备时双臂自然下垂的平面进行旋转，当到达上杆最大程度时，左手握杆的杆尾指向双臂自然下垂所在的平面，而不是指向球的方向。上杆至顶点与下杆启动是相交叉的，这样是为了能够增加身体的扭力。当上杆快至顶点的时候已经开始启动下杆动作了。也是为了提升身体的扭力，在下杆时三个转动平面的运动顺序是下（膝部）、中（髋部）、上（肩部、手臂及右手）（见图 8－13）。当左侧腿部开始支撑髋关节稍转正时，整个身体进行重心的移动，重心整体向左侧压，髋关节侧向移动而不旋转，这个过程也是整体挥杆能量的主要来源之一；右前臂开始辅助向下“劈”，为向下挥杆提供能量，为了能够提升击球时杆头的速度，在下杆过程中向下拉杆的运动距离要尽量保持长些，这样可以为旋转击球提供更高的能量（见图 8－14）。

图 8 – 13

图 8 – 14

5. 击球：当左腿的支撑到位、髋关节左侧移动到位、向下拉杆快到腹前的时候，开始以左前臂为轴心进行旋转，使杆头快速向球的方向运动，左手下拉腹前稍制动，在胸骨、手和球三点一线的时候击球（见图 8 – 15）。

6. 送杆：自杆头击球开始，整个髋关节还在保持一定侧移的速度，右前臂依然以左前臂为轴心向击球方向推杆，给击球提供能量，在体前形成右臂与左臂的交叉状态；随着身体的侧移到位及杆头沿着击球方向前送，髋关节以左腿为轴心开始旋转，以杆头为源头引领手臂及身体旋转（见图 8 – 16 和图 8 – 17）。

7. 收杆：在上杆、下杆、击球、送杆过程中，要始终保持头部不动，眼睛始终看球及球飞出的位置。送杆到达顶点便进入收杆过程，为了化解剩余能量，以旋转的方式进行收杆。这时以右臂握杆为主，左臂放松进行退让。当左臂贴近下颚时带领头部起身一起旋转，然后左臂也逐渐弯曲进行缓解，不断加大身体旋转幅度，完成收杆。这时重心完全移到左腿上，右腿自然带向左侧，右前脚掌稍支撑辅助平衡，身体转向球飞行方向，眼看球的落点（见图 8－18 和图 8－19）。

图 8－15

图 8－16

图 8－17

图 8－18

图 8－19

轴心旋转挥杆技术体系具体有以下几个方面的特点与优势：

第一，便于学习；

第二，符合人体运动的力学原理；

第三，能够充分发挥人体能量；

第四，击球控制性好；

第五，减少运动损伤的产生。

第九章

基本技术

第一节　铁杆与球道木杆技术

铁杆与球道木杆在挥杆技术体系上是完全一致的，区别在于站位宽度与球位方面的不同。在练习场准备击球阶段的注意事项如下：

第一，左手先握好球杆，然后把球杆放到球的后面，保证杆面处于正确的位置。

第二，双脚开立先站成与肩同宽的位置，也就是以 8 号、9 号为基础的站位，然后根据所练的球杆来调整站位。

第三，左手把球杆抬起，右手调整后握杆，双臂曲肘靠近身体，肘关节贴紧肋部然后以肘关节为轴心放下前臂握杆，使双臂稍自然垂直握杆，再根据杆的长短与高低来调整膝部微蹲的幅度。然后再细微调整站位与球之间的距离。

第四，调整好以后，把握杆的双手稍松开，然后轻握杆，检查握杆中是否有过分紧绷、冲突的关节或肌肉的部分，予以调整，整个身体要处于充分放松的状态。扭头看一下击球的预期落点，调整肩线的指向，转过头眼盯住球，然后把球杆稍抬起，再轻放下，调整好整个身体站立的高度及杆头的状态。

第五，调整好后进行上杆直至击球的全过程。

第二节 1号木杆技术

1号木杆与铁杆在击球过程中的不同点主要体现在站位上。

首先，左手握好球杆（见图9－1）。

其次，双脚并拢，使球位于左脚跟内侧的位置，左脚稍外开25°左右，然后调整站位宽度（见图9－2）。

其他部分与铁杆一致（见图9－3至图9－18）。

图9－1

图9－2

图9－3

图9－4

图9－5

图9－6

图9－7

图9－8

图9－9

图9－10

图 9－11

图 9－12

图 9－13

图 9－14

图 9－15

图 9－16

图 9 – 17

图 9 – 18

第三节　短杆技术

短杆技术主要是指击打铁杆中最短铁杆全挥杆距离以内多种距离的技术打法。短杆距离的控制有多种方法，其核心内容就是减少对球的能量输送，主要有以下几种方法：第一种，减少重心移动带来的能量。采用正常站位，然后先把重心移到左腿，减少移动重心带来的能量，再进行全挥杆，减少球飞行的距离。第二种，把球杆短握，减少挥杆摆动的幅度，从而减少对球输送的能力来控制球飞行的距离。第三种，降低上杆的运动幅度，减少发力距离与能量来控制球飞行的距离。

但是在控制 30 码以内的球时，最好采用切球技术。切球时，球位在右脚外出，站位是开放站位，重心在左腿（见图9 – 19）。上杆与铁杆上杆要求一致，上杆幅度要与预计的击球距离相关；在下杆时，右臂有稍微的前推下劈的过程，切球后球杆前送，没有大幅度收杆（见图 9 – 20 和图 9 – 21）。

切球选用球杆的注意事项有：如果切球需要跨越沙坑或水沟，并要求落球后能够停住球，也就是飞行距离长滚动距离短，要选用大角度的球杆；如果想采用切球后有较长滚动距离的效果，就要选用小角度的球杆，飞行距离短而滚动距离长。

图 9－19

图 9－20

图 9－21

第四节　沙坑技术

一、球道沙坑技术

球落到球道沙坑的位置一般离果岭还有较远的距离，在打球道沙坑时要求杆面击打球一定要扎实，尽量直接击打到球，避免沙子进入杆面与球之间，不然会大大减少球飞行的距离，并且很难控制。为了使杆面击打球很扎实，上杆一定要平稳。如果上杆的幅度受到限制，那么击打的力量会减少，影响球飞行的距离，在这种情况下可以根据要达到的距离增大 1 ~ 2 号球杆来处理球（见图 9 – 22 至图 9 – 30）。

图 9 – 22

图 9 – 23

图 9 – 24

图 9 – 25

图 9 – 26

图 9 – 27

图 9 – 28

图 9 – 29

图 9 – 30

二、果岭沙坑技术

果岭沙坑技术的击球原理是：球落入果岭沙坑后，在击球时采用的技术是用球杆击打沙子，球杆直接击打球后 1 ~ 2 个球的位置，然后用沙子把球推出沙坑。第一种技术：采用大角度球杆，正常站位，调整好站位后，双脚稍微扭动，使脚陷入沙坑一定深度，这样能够踩得较为坚实，保证挥杆过程中身体的稳定性。然后上杆，下杆击打球后方一颗球的位置，用沙子把球推出沙坑，击打沙子后要积极送杆。第二种技术：站位时将重心压到左腿上，站位是开放站位，球位偏左，上杆稍陡立，下杆击打球后两颗球的位置，形成下劈式击沙，用沙子将球推出沙坑（见图9－31至图9－42）。

图9－31

图9－32

图9－33

图9－34

图9－35

图9－36

图 9－37

图 9－38

图 9－39

图 9－40

图 9－41

图 9－42

第五节　推杆技术

一、推杆技术流派

在推杆技术中，也存在多种方法，具体包括以下几个方面：

（一）握杆的方法

推杆的握杆是一个个性化非常突出的技术部分，有手推式、胸推式、腹推式、爪式等。推杆的完整过程如图 9－43 至图 9－52 所示。

图 9－43

图 9－44

图 9－45

图 9－46

图 9 –47

图 9 –48

图 9 –49

图 9 –50

图 9 –51

图 9 –52

（二）握杆弯曲点的选择

手推式的技术中还有手臂的曲臂、直臂方式的区别。曲臂式的理论基础是，前臂是推杆的延长部分，挥摆的转点在肘关节。这种推杆的优势是推杆杆面回正概率大；缺点是大幅度上杆时幅度不好掌握，杆头击球稳定性差，还有就是初学者或高差点球员采用这种方式推杆不容易放松。

（三）推杆距离的控制

推球距离是由上杆幅度决定的。其中会有多种组合模式，推杆的高级阶段是以建立距离、弧度的本体感觉来进行推杆，初级阶段可以采用定量上杆和路线判断来进行推杆。对于广大初学者及高级球手来说，定量上杆来进行推杆是比较实用的，也是克服多种因素影响的稳定技术体系。那么什么是定量上杆技术呢？定量上杆是以双脚站位为固定站位，然后根据要推的距离，以推杆上杆的幅度来确定推杆距离。上杆的幅度由杆头与球的距离及与右站位脚的距离来确定，不同推杆距离由不同的幅度来决定。

（四）推杆路径的判断

推杆路径的判断要与推杆的力度相结合，应该说一个力度一个路径与角度。影响推杆路径的还有多种因素，如果岭速度、坡度，果岭草的方向，每天的时间段、天气情况，等等（见图 9－53）。

二、轴心旋转技术体系推杆原理

轴心旋转技术体系的推杆，首先采用直臂握杆，并采用定量式上杆来确定推杆距离；采用双脚平行站位与肩同宽，左眼在球的垂直上方或球右侧边缘的上方；上杆时以右手握杆为主，左手推右手上杆，右臂要尽量放

图 9－53

松；下杆推球时左臂要尽量放松，以辅助为主，右臂控制好球杆下摆击球推杆，推杆击球后尽量不送杆，避免改变球滚动路线；下推过程中遇特殊情况不突然发力，以均匀的摆动为主；距离判断要过洞，这是所有推杆技术的基本原则之一。

第十章
特殊球位的击球技术

特殊球位击球的总体原则：由于高尔夫球技术受到影响后击球效果变化明显，当击球不是在平整地面的情况下时，如不调整，球的飞行路径变化会比较明显，因此，特殊球位击球时必须适当进行调整。具体的调整有以下几个方面：

一、调整出球方向

在斜坡地形条件下如果按照正常挥杆进行击球，则斜坡地面会影响挥杆和击球的用力方向，使球偏离正常水平的飞行路线；如果是左右方向飞行的，可以适当根据坡度的大小来调整 开始瞄球的方向，来中和斜坡带来的影响。

二、调整球位与站位

通过调整球位和站位及球杆来化解斜坡球位带来的影响是比较实用的。一般的斜坡球位可分为球高人低、人高球低，以及上坡球位、下坡球位等，调整的原理是降低下肢的移动幅度，通过换大号球杆增加挥摆幅度，通过重心站位来建立一个水平挥杆平面进行调节。根据出球方向，哪边重心低就放在哪个脚上来建立平稳挥杆平面，减少移动幅度，加大球杆进行调节。

第十一章

高尔夫下场攻略

在进行高尔夫运动的过程中，有多种哲学的原理蕴含在其中，适当地以哲学的角度来看待高尔夫运动会 更有利于从事这项运动。

第一，整体性原则。整体性包含身体、技术、心理等多方面因素，取得优异成绩或保持良好的竞技状态是多种因素的动态平衡，与通常说的木桶理论是一致的。任何一方面的失常都会反映到打球过程中，影响成绩的状况。每次打球后都应该认真总结得失，具体分析原因，再有针对性地去解决问题。

第二，攻防原则。高尔夫运动在打球过程中会用到多种策略，在选择策略时风险与效益会成一定比例，有时是正比，但有时还不好确定。对于初级球手，稳健是非常重要的，特别是复杂条件下处理球，由于击球技术的稳定性不够，技术不够成熟，往往会出现一个错误连着另一个错误的状况，出现爆洞的现象。在特殊球位下处理球也要慎重，如前方有障碍、球道草的情况不好、球位不好、处于长草区域等，在选择处理策略时一定要根据自身的实力，包括了解是什么样的赛事、活动，要适当分析出现意外的状况，再分析处理的原则，是稳健原则救球，还是积极进攻。

第三，标准流程原则。在打球的过程中要形成固定的击球流程，主要包括查看距离、明确击球方向、观察环境、了解草的状态、了解风的状况、球落点的选择、风险评估、试挥、看线、站位、上杆击球等方面。

第四，完整分析原则。提前了解球场状况、特点、天气条件，做好打球预案等，了解具体因素如风、雨，空气湿度，海拔，早晨、中午、傍晚，季节等对击球的影响。

第三部分

高尔夫专项训练

第十二章
高尔夫训练的理论体系

第一节　高尔夫运动的特点

高尔夫运动是一项技术难度大、运动要素丰富、易受多种因素影响的个人项目，可以归结为“体、心、智能”相结合的一项运动。从事高尔夫运动入门简单容易，但是要想获得专业或业余的高水平运动能力是非常不容易的，需要经过大量的专项训练来掌握合理的运动技术、提高专项身体素质、锻炼高尔夫专项心理素质、掌握与运用高尔夫规则、锻炼高尔夫思维与战略等。高尔夫运动具体包括以下几个方面的特点：

第一，具备良好的身体素质。高尔夫运动员的身体素质主要包括力量、耐力、灵敏、柔韧四大方面。高尔夫运动的力量素质主要是速度力量，也就是俗称的爆发力，具有良好的爆发力才能更有效地提高挥杆的杆头速度，从而才能打出更远距离的球。高尔夫运动的耐力素质主要体现在长距离走动及发挥稳定的挥杆，以及克服冷热风雨等自然条件影响下身体能力的稳定性等方面。灵敏性会直接影响运动员学习技术，以及合理发挥技术的水平，也是运动员对球位、场地等方面灵活处理能力的良好基础。柔韧素质对高尔夫运动员非常重要，会直接影响身体扭转挥杆的幅度，并直接影响击球的效果。

第二，掌握合理的高尔夫技术。在高尔夫运动的挥杆击球过程中，身体运动幅度大，加上球杆长、杆面小、球小，掌握扎实准确的击球技术就是非常有难度的事，再加上受场地中球场坡度、草的状态、风的状况、障碍物的情况等多方面因素的影响，把球击到合理的位置是很难的。高尔夫运动非常能够体现差之毫厘谬以千里的哲学意义。根据目前高尔夫技术发展的程度，可以说高尔夫技术的流派较多，并且由于个人身材、力量、习惯等方面存在差异，技术打法有多种方式，部分动作具有明显的个人技术特点，随着个人年龄增长，力量或柔韧性等方面身体素质的变化，应随时适当调整击球的技术或球具。

第三，具备对球的综合判断与处理能力。要打好高尔夫球，日常刻苦训练基本技术动作是基础，在打球过程中，每打一个球都是一个思维、综合判断、决策与实施的过程，高尔夫运动是一个思维性的运动。每一杆的击球都要判断个人技术的稳定情况、场地情况、障碍情况、风或雨的情况、球杆的选择、挥杆的方法、落点的选择、下一杆的攻略、进攻还是求稳等方面的因素，并且要非常注重细节，精力要充沛，身体、精力、心理等方面的重大波动都会直接影响击球效果，可以说高尔夫运动是一项非常“脆弱”的运动。在打球过程中要自己当裁判，了解规则、掌握规则是打高尔夫球的基础要素之一，一方面能够合理处理球，避免罚杆，合理利用规则的处理有利于自己击球；另一方面也是对高尔夫运动的尊重，是绅士运动的体现。

第四，具备良好的心理素质。高尔夫运动要注重细节，心理素质方面的因素显得更为突出。高尔夫的专项心理素质主要体现在心理状况的稳定性、自我情绪的控制、对心理波动的调整能力、对外界干扰的抵抗力等方面。在击球过程中，运动员的思想、情绪的波动引起的内在反应就是大脑皮层脑电波的波动，脑电波的异常波动会直接影响运动神经对机体的控制，会影响肌肉收缩或舒张的状况，直接影响击球的效果。

第二节　高尔夫运动训练基本原则

高尔夫运动训练的原则是依据运动训练活动的客观规律而确定的组织高尔夫运动训练时应遵循的一些基本原则，是运动训练活动客观规律的反映，对高尔夫运动的训练具有重要的参考价值和指导意义。

一、一般训练与专项训练相结合的原则

（一）一般训练与专项训练的理论依据

一般训练是指在运动训练中以多种多样的身体练习、方法与手段，提高运动员各器官系统的机能，全面发展运动员素质，改进身体形态，掌握一些非专项的运动技术和理论知识的训练。专项训练是指在运动训练中通过专项运动本身的动作练习，以及与专项运动本身动作在特点上相似动作的练习，来提高运动员专项运动素质，使运动员掌握专项运动的技术、战术及理论知识的训练。一般训练是专项训练的基础，专项训练是提高运动成绩的根本保证。专项训练水平的提高，在一定程度上讲也是一般训练水平提高的结果，专项训练成绩的提高是重要的，但必须以一般训练作为基础。一般训练和专项训练是互相弥补、互相渗透的。一般训练的主要目的是根据专项运动的需要，为运动员提高专项运动素质、技术和战术水平，创造优异成绩打好基础。专项训练的目的在于提高专项运动员的运动成绩。一般训练与专项训练的最终目标是一致的。在一般训练水平较高的情况下，也必须同时进行专项训练，即把一般训练和专项训练有机地结合起来。这是因为：

1. 人体是一个统一体，运动时各器官系统是紧密联系的，通过一般训练和专项训练的结合，可使机体的各个器官系统机能产生更强的适应性变化，这种适应性变化又依赖于有机体机能的全面改善和提高。专项训练本身对运动员身体机能的影响是具有一定局限性的，所以采用一般训练可以弥补专项训练在这方面的不足，为提高运动成绩打下一个良好、全面的基础。

2. 各项运动素质的发展是互相影响、互为促进的。有些运动员力量素质很好，但是一般耐力素质相对差，而如果一般耐力素质差，则高负荷长时间的专项训练就难以保证。若要全面发展运动素质就必须进行一般训练，这样才有助于专项素质的提高。

3. 只进行较为单一的专项训练很容易引起机体中枢神经系统的过度疲劳，一般训练较为多样，可以帮助运动员平衡发展身体的肌肉力量，并且可以起到调节中枢神经系统的作用。

4. 专项训练是直接有效地提高专项运动成绩和提高专项运动技术的根本。如果离开专项训练而只进行一般训练，一般训练就失去了应有的意义，更谈不上提高专项运动成绩了。

（二）一般训练与专项训练的实践效果

在运动训练过程中，训练原则的选择以及训练计划的制订是一个复杂的过程，在选择一般训练与专项训练相结合的原则、制订训练计划的过程中必须考虑到下列因素：①运动员的年龄特征；②性别特征；③运动员专项成绩的高低；④训练时期的不同；⑤一般训练与专项训练的预期目标。在运用一般训练与专项训练相结合的原则时，首先对于一般训练内容、手段的选择要适应专项运动发展的需要，反映其专项的特点，与专项结合非常紧密。要有针对性地选择那些既能有效地提高身体机能水平，全面发展身体素质，又能促进运动员掌握专项技术的一些练习。任何训练原则、内容、手段，都是为了使训练更恰当和适合于比赛，训练的最终目的是在比赛中取得优异的运动成绩。所以，在运用一般训练与专项训练相结合的原则时，应考虑到两者安排的比例问题，不同时期一般训练和专项训练所占的比例也不相同。一般来说，训练准备时期一般训练多于专项训练，比赛时期则专项训练多于一般训练。不同时期的一般训练与专项训练的比例是由各个时期训练的目标和任务决定的。例如，年龄小的运动员在训练的最初阶段要考虑到身体尚未发育成熟，不可能承受过大的运动负荷，应多进行全面的一般性训练，均衡发展各方面的身体素质，为日后的专项训练打好基础，过早地对小运动员进行专项化训练是极不恰当而且十分危险的。

二、系统不间断性原则

系统不间断性原则是运动训练的原则之一。它是指从少年儿童的早期训练到成年人的训练，整个训练过程都要系统地、不间断地进行。贯彻这一原则的基本要求是：坚持系统的多年训练，并使每次训练周期、每个阶段、每次课都有机联系起来。选择训练内容、手段和方法要考虑它们的内在联系和逻辑系统，要由易到难、由浅入深地安排。训练工作的各种组织形式（如学校运动队、业余体校和优秀运动队）要层层衔接、逐级提高，要科学安排训练和休息的交替，使每次训练课在运动员的机体能力得到恢复和提高（即“超量恢复”）的基础上进行。

系统的不间断性训练原则是指从初期训练到取得优异运动成绩，直至运动寿命终结的长期训练过程中，都应按照一定的顺序，持续不断地进行训练。这一定义包含两层意思：一是必须按照一定的顺序系统地进行训练；二是从基础训练阶段到运动寿命终结都应该持续不断地进行训练。运动员训练水平的提高是一个长期的过程，通过训练，有机体在身体形态、生理、生化机能和心理方面所产生的一系列适应性的变化，也是一个由少到多、由低到高渐进积累的过程，只有持续不断地进行训练，机能状态和适应性的良好变化才能得到巩固和进一步提高。运动技术、战术的掌握，实质上是一种暂时性神经联系的建立，是条件反射、动力定型的形成，中断训练就会使已建立起的暂时性神经联系逐渐减弱甚至中断，条件反射消退，已掌握了的技术、战术生疏，以至产生各种错误。不管是谁，在锻炼的过程中，都应该有计划、按步骤、不间断地进行系统的锻炼和科学的安排，只有这样，才能保证良好的锻炼效果，不断提高锻炼水平，最后达到预定目标。每个人都应该根据自己所确定的短期和长期锻炼目标，有计划、持续不断地参加锻炼。

进行系统不间断训练主要应注意以下几个方面：

1. 运动技术、战术的掌握过程实质上是建立条件反射的过程，如果训练有中断、暂时联系得不到强化，那么所掌握的技术、战术反而会消退。

2. 机体负荷适应反应必须不断积累，由量变到质变。时断时续的训练，非但不能积累良好的适应变化，而且会降低机能水平。贯彻不间断训练原则的基本要求是：

（1）各级训练体制，小学、初中、高中、大学等各学制阶段，层层衔接，不要因升学、转校等原因造成训练大起大落。要制定出系统的训练大纲，各层次按训练大纲的要求完成相应任务。这就是指训练体制、训练任务、训练内容一条龙。

（2）训练全过程中，上、下节课应保证连续性，下次课的安排不能早于上次课疲劳恢复之前，也不能晚于上次课训练产生良好影响之后。

3. 避免训练和比赛过程中产生各种伤病，不致因伤病而中断或中止训练。

4. 遵循运动项目的技术、战术及专项素质等方面内在的逻辑联系，由易到难，循序渐进，协调发展。

三、周期性原则

周期性原则是指训练工作的安排要按照一定的周期循环往复地进行，每一个新的周期都应在原有周期的基础上提高。竞技状态的形成、相对稳定、暂时性消失，是形成训练周期的客观依据。马特维耶夫创立了“训练周期”和“超量恢复”理论，对我国运动训练理论和实践产生了深远的影响。他根据人体竞技状态具有周期阶段性形成的规律，即运动员竞技状态的形成需经过“获得”、“保持”和“消失”阶段，把运动训练过程分为准备期、比赛期和过渡期。同时，他又针对不同时期的特点提出了一整套在训练目标、任务和内容上各异的训练理论。

说到周期，就是教练把年度计划根据比赛的时间划分为几个时间长短不同的阶段，如果在一年内有 2 ~ 3 场高尔夫球比赛，年度计划就应该相应地划分为 2 ~ 3 个大周期。在实际情况中，每个大周期的内容和目标很大程度上都是依运动员的身体状况和需要而定。根据全年比赛的次数，可将全年训练计划划分为几个训练、比赛周期，每个训练、比赛周期时间的长短，都应根据本年度的训练任务、全年重大比赛的次数和运动员个人的具体情况而定。每个训练、比赛周期的时间可以是 2 ~ 3 个月。例如，高尔夫球项目一年内有五次比赛，它们分别是在 3 月初、4 月底、6 月中、8 月初和 10 月底，如准备参加上述五次比赛，那么便可把全年训练计划分为五个训练比赛周期，从头年 11 月到来年 3 月初为第一周期，以后几个周期类推。周期性原则的依据是竞技状态形成的客观规律，而竞技状态是指运动员达到优异专项成绩所处的适宜的准备状态，是通过科学的周期化训练过程才能达到的。竞技状态形成和发展主要分为以下三个阶段：

1. 获得阶段。其中又包括：①前提条件：提高总的机能水平，全面发展运动素质，掌握专项运动的技术、战术，心理素质的初步培养。这个阶段好比积累营造竞技状态“大厦”的建筑材料。②竞技状态形成阶段：在这个阶段，上述前提条件形成一个整体，具有专项化特点，竞技状态“大厦”已经建成。不过，本阶段初步形成的竞技状态还不是十分稳定，在不利因素下容易被破坏。

2. 相对稳定阶段。竞技状态的所有特征在本阶段得到完善、稳固，并在比赛中表现出来。

3. 暂时消失阶段。运动员不可能永远处在竞技状态中，随着活动状态和心理环境的改变，竞技状态各因素的有机联合会产生反适应的消退，训练水平会出现暂时下降。

从上述竞技状态形成和发展的三个阶段可以看出，这一过程必须经过严格的科学训练。经过这一循环之后，在此基础上通过调整、再训练、再提高，出现新的更高水平的竞技状态。这就是科学训练的辩证法。人们根据竞技状态三个发展阶段的规律把运动训练工作过程分为三个相应的训练时期，即准备期、比赛期和休整期。

贯彻这一周期性训练原则的基本要求是：

第一，根据高尔夫运动的特点和运动员自身的特点安排全年训练的周期。

第二，根据各时期的主要任务安排各种训练内容的比重和训练手段、方法以及运动负荷。

第三，认真总结前一周期的经验，为新周期的安排提供客观依据。

四、适宜负荷原则

高尔夫球训练必须遵循适宜负荷原则。适宜负荷原则是指对机体施加的负荷刺激，既有利于提高运动能力，又能保证机能的适时适度恢复。有效的训练必须有足够的负荷，训练负荷水平适宜，才既能保证运动员身心健康，又能达到或略超出人体最大负荷承受量，从而对机体产生良性的刺激，促使机体生理机能、运动机能明显改善，达到提高运动成绩的目的。要依据人体适应规律逐步有节奏地增加负荷，直至达到新的最大负荷。高尔夫球运动员的负荷训练须把握节奏，即大、中、小负荷相结合，使负荷作用和积极恢复协调交替。适宜负荷可以从以下三个方面来阐述：一是运动员对负荷的适应性，即运动员承担负荷和适应负荷的程度，这是“适宜负荷原则”的首要条件。运动员是承受的主体，负荷安排是否适宜，首先要看运动员身心两个方面能否接受。超过运动员接受能力的负荷，不仅不能有效发展运动员的竞技能力，而且还会不同程度对运动员身体机能造成破坏，继而表现为过度疲劳、运动损伤或疾病、缩短运动寿命甚至导致运动员夭折。二是运动负荷的有效性。教练员为运动员所设计的负荷必须是切实有效的，能提高运动员竞技能力的。适宜负荷不仅是一个负荷大小的问题，更重要的是负荷质量的问题，即教练员所安排的运动负荷是否可以达到预期的训练和比赛目标。三是负荷安排的适时性。依据“超量恢复”理论，当机能达到超量恢复时是机体接受下一次负荷刺激的最佳时机，能否抓住这一时机进行下一次训练是评价负荷安排适时性的重要标志。

适宜负荷不能只单纯从运动负荷的负荷量和负荷强度去考虑，最重要的是考虑运动员的年龄、性别、健康状况、竞技能力以及恢复情况等因素。教练员既要根据运动员不同的性别、年龄特征、健康状况及竞技能力发展水平来制订适宜的运动负荷计划，又必须根据负荷后运动员生理、心理上的反应及恢复状况的反馈信息及时监控运动负荷。

教练员必须具备扎实的基础理论知识和丰富的训练实践经验，特别是对所从事运动项目的特点必须有深刻理解和认识，对负荷量的控制要有科学依据，把训练中的每一组、每一次练习的负荷都设计得尽可能适宜，并且对运动员产生最佳的训练效果。训练操作过程中最重要的一项任务是对运动员负荷反应的监控，这不仅是对生理、生化指标的监控，现代训练还要求对运动员心理进行监控，其核心内容是对情绪变化进行监控，这一点在比赛期的训练中体现得尤为突出。运动场上运动员的情绪反应是千变万化的。积极的情绪是昂扬、兴奋的表情流露，是一种内在欲望得以充分满足的快感；消极的情绪是低落、沮丧的表情流露，是一种内在欲望得不到满足的痛感。不适宜的运动负荷会对运动员的内在欲望造成创伤，只有适宜负荷才能激发运动员的灵感和创造力，是促进他们主动接受大负荷的心理基础。所以有经验的教练员往往能根据运动员训练中的情绪变化，有针对性地对既定负荷进行适当调节，使运动负荷更合理有效。运动员优异的运动成绩取决于系统而艰苦的运动训练，而运动训练中最关键的环节是对运动负荷的合理调控。没有适宜水平的运动负荷，要么不能发挥运动员的应激能力而提高运动成绩，要么会使运动员对运动负荷不适应造成过度疲劳。所以，对运动员施加适宜的运动负荷，使其机体能力和运动成绩不断提高是关键的问题。

五、区别对待原则

高尔夫运动是个人项目，是一项充分彰显个性的运动。在运动训练中，区别对待原则显得尤为重要。区别对待原则是指对于不同专项、不同的运动员或不同的训练状态、不同的训练任务及不同的训练条件，都应有区别地组织安排各自相应的训练过程，选择相应的训练内容，给予相应的训练负荷的训练原则。根据不同运动员训练中的个体特异性实施区别对待，是运动训练应遵循的重要原则之一。

我们都以达到较好的运动成绩为目标。在运动训练中，我们非常希望得到规律性的指导，因为规律具有普遍适用性。然而，在运动训练中大量存在着具体，每天每时每刻均产生着鲜活的具体，要靠我们“具体问题具体分析”加以解决，特别是高水平运动员的训练是一个具体的个案化过程，根据个体的实际情况有的放矢地训练，才能造就出一流的优秀运动员。

区别对待原则包括三个重要的方面，分别是运动专项、训练对象和训练条件。运动专项方面包括专项成绩的决定因素和专项成绩的发展规律。例如，高尔夫运动需要运动员具备良好的心理素质和全面的身体素质，其项目特点决定了运动员通常要在较大的年龄才会进入最佳的竞技状态。

第二个重要方面是训练对象，每个训练对象都有不同的生物学、心理学、社会学及训练学方面的特征，这些都是实施区别对待原则时经常需要考虑的因素。在实施的过程中可以注意以下几个因素：一是因人而异，注重个性张扬。由于每个人的遗传素质尤其是社会实践活动并不相同，所以每个人在个性倾向性和个性心理特征方面各不相同，形成不同的个性。个性差异不仅表现在人们是否具有某种特点上，而且还表现在同一特点的不同水平上。运动训练需要引导和挖掘，只有个性得到张扬才能造就一流的优秀运动员。二是因材施教，突出个体特点。因材施教是运动训练遵循的最直接的原则，运动员的生理、心理发展具有一定的稳定性，又有其特殊性，这就要求教练员从运动员实际出发，依据运动员的特点，有的放矢地组织训练。三是因时制宜，区分个别情况。运动员的个体差异很大，如不同专项年限不一样，不同水平状态不一样，不同训练比赛需要不一样，同一运动员在不同时期、不同任务、不同身体机能状态等情况下的表现都是不一样的，运动训练就要根据不同时期、不同情况、不同人员的个别情况进行有针对性的安排。

训练条件也是区别对待原则中的一个重要方面。首先应该考虑训练所处的时期和阶段。教练员应了解不同时期与阶段不同运动员的不同特点，这样可以帮助教练员根据不同的情况提出相应的训练要求，如场地、气候、同伴、环境等都是必须考虑的因素。运动训练的重点应放在充分发展个人特点方面，而不是力图克服其短处，否则就不能展现竞技体育的魅力了。只有长处得到长足的发展，才可能把短处产生的影响降到最低限度。运动训练区别对待的宗旨应该是：首先是强调和发展其特点，其次才是弥补缺失。这是一个根本的指导思想，先强优后补缺，没有优根本就用不着补缺了。从对高水平运动员的训练水平形成中不难发现，他们各方面的训练水平并不是均衡的。只有个人特长得到了充分发挥的运动员，才能获得个人最佳的成绩。在目前的一些“集体模式化”训练中，教练员往往观察注意到的是后面的、一般的运动员情况，这样保证不了尖子运动员的训练效果，并且会掩盖尖子运动员的优点和长处。

第三节　高尔夫运动训练的理论基础

高尔夫运动训练的方法是提高运动水平、完成训练任务的途径和方法。它是教练员进行训练工作、完成训练任务、提高运动员竞技能力的工具。正确地认识和掌握不同训练方法的功能和特点，有助于顺利地完成训练中不同时期的不同任务，有助于科学地提高运动员的整体水平。

一、重复训练法

重复训练法是指多次重复同一练习，两次（组）练习之间安排充分休息的练习方法。通过同一动作或同组动作的多次重复，不断强化运动条件反射的过程，有利于运动员掌握和巩固技术动作；相对稳定的负荷强度的多次刺激，可使机体尽快产生较高的适应性机制，有利于运动员发展和提高身体素质。构成重复训练法的主要因素有：单次（组）练习的负荷量、负荷强度及每两次（组）练习之间的休息时间。休息的方式通常有静止、肌肉按摩或散步。

重复训练法三种类型（短时间、中时间、长时间）的负荷时间、特点、供能形式与高尔夫训练中相同因素的特点相结合，也就是将重复训练法引入高尔夫训练实践中，对提高高尔夫训练的科学性、实效性具有一定的现实意义。

（一）短时间重复训练法在高尔夫训练中的应用

1. 身体训练。在高尔夫身体训练中采用短时间重复训练方法，可有效地提高运动员的磷酸盐系统的储能和供能能力，提高运动员的单个技术动作或组合技术动作运用的熟练性、规范性、技巧性及完成动作有关肌肉群的收缩速度和爆发力。其应用特点是：一次训练的负荷时间短，负荷强度大，动作速度快，间歇时间充分，间歇过程多采用肌肉放松方式，以便能尽快促使机体恢复机能。高尔夫训练中身体训练应常抓不懈，注意身体训练与专项密切配合，做到身体训练技术化，为技术训练服务。

2. 技术训练。高尔夫球运动员准确、熟练、稳定地完成技术动作是获得好成绩的重要保证。在训练中采取短时间重复训练法，将技术动作的熟练性与运动素质中的速度、爆发力以及能量代谢系统中磷酸盐系统供能能力的训练融为一体，共同提高。所以，在负荷时间短、负荷强度大、动作速度快、间歇时间充分的条件下，通过多次重复技术动作来达到技术熟练，提高技术质量，有利于运动员在比赛中排除各种因素的干扰，稳定地发挥出自己应有的水平。

（二）中时间重复训练法在高尔夫训练中的应用

1. 身体训练。在高尔夫训练中采用中时间重复训练法是为了提高运动员的糖酵解供能系统的储能和供能能力以及糖酵解供能为主条件下的速度耐力、力量耐力及运动员机体的耐乳酸能力。在比赛过程中，运动员在一定时间要重复几十次或上百次挥杆动作，这对运动员运动能力以及混合供能能力有较高的要求。进行不同类型的重复训练，可以使运动员适应激烈比赛对身体供能系统的要求，从而取得较好的比赛成绩。

2. 技术训练。在高尔夫训练中，时间重复训练将技术的运用与身体素质中的力量耐力、速度耐力等以糖酵解供能系统为主的供能能力的训练融为一体，使其协调发展、巩固和提高，以适应比赛的需要。

（三）长时间重复训练法在高尔夫训练中的应用

1. 身体训练。在高尔夫球运动员击球时，肌肉运动时间短促，从单一动作来说能量消耗不大，对体能的消耗也不显著，但要完成 18 洞的比赛，需要进行几十次、上百次的挥杆动作，这对于高尔夫球运动员的体能提出了很高的要求。高尔夫身体训练中运用长时间重复训练法就是为了发展有氧系统供能能力，从而提高高尔夫球运动员的综合竞技能力。

2. 技术训练。高尔夫球运动员在一次比赛中，需要至少完成几十次挥杆动作，这对运动员机体的耐酸能力提出较高的要求，而长时间重复训练就是将种类全面的技术动作与身体素质中的专项耐力以及运动员的无氧、有氧混合供能能力的训练融为一体，使运动员的素质、机能、技术协调发展，以适应实际比赛的需要。

（四）在高尔夫训练中运用重复训练法应注意的问题

1. 每次（组）练习均要保持预先确定的强度。强度的确定以运动员本人所能承担的最大限度为限，一般应接近或达到比赛强度。

2. 每次（组）练习间的休息时间要充分。重复训练法每次（组）练习的强度较大，为确保每次（组）练习质量，应待机体已基本恢复时再开始下次（组）练习。

3. 重复次（组）数的确定。其以运动员不能按预定的强度进行练习或技术出现许多错误时为准，教练员应根据运动员的个体差异确定。

4. 重复训练在应用于技术训练时，教练员应严格要求运动员按技术规格练习，及时提出改进技术的要求和纠正练习的错误，避免运动员形成“技术变形”。

5. 由于重复训练法反复练习同一动作，内容单调，所以运动员机体局部负担较重，容易疲劳，教练员应使运动员明确练习的目的、作用，提高运动员练习的兴趣，这样才能取得重复练习的更好效果。

二、循环训练法

循环训练法是指根据训练的具体任务，将练习手段设置为若干个练习站，运动员按照既定顺序和路线，依次完成每站练习任务的训练方法。运用循环训练法可有效地激发训练情绪、累积负荷“痕迹”、交替刺激不同体位。

具体到高尔夫运动来讲，也就是根据高尔夫运动的技术特点和所需要的身体素质，选择一些简单有效的和专项技术有关的练习手段，或者选择某些基本动作，改变它们的负荷、强度、时间和数量，编排成组进行循环练习。循环训练法之所以适用于高尔夫项目的训练，是因为它能弥补其他训练手段的一些不足地方，有本身特有的优点。运动生理研究表明：在一定范围的活动量愈大，恢复的过程也就愈长。长期的积累会出现过度疲劳，从而影响训练效果。通常训练中单一动作的过量重复，会加快肌肉疲劳，降低随意放松的能力，造成肌张力振幅减小，不利于动作的完成。对神经系统来讲，单调枯燥的训练内容强度大，会使大脑皮层产生超限抑制，运动员会出现精神不振、训练热情减弱等现象，使训练效果下降。循环训练法在某种意义上讲是避免上述不良现象产生的一种非常好的训练手段。这种训练方法不会长时间局限在某一项目、某一身体部位或某一动作上。它的特点是：内容丰富、形式活泼，能够综合发展运动素质和技能，并能突出重点；可以使运动员获得多样的运动感觉，提高运动员的练习情绪；还可利用转换现象来推迟疲劳的出现，在训练过程中使大脑皮层始终保持兴奋状态。由于循环训练法训练内容多变，所以可使肌肉的用力较为均匀地分散在机体各个部位上，有效减轻局部肌肉的负荷量，从而避免了疲劳的积累。这一训练法对技术和素质的发展都起到积极的作用，在一定程度上实现了训练的多样性，在训练的过程中可以安排更多的内容和动作，达到科学训练的目的。

当然，在一个完整的训练时期，不可能只采用这一种训练方法，要根据训练任务，在不同的训练阶段选用不同的训练方法。既然循环练习法有集诸家之长的特点，在训练中可获事半功倍的效果，我们何不经常乐而为之。现在需要我们进一步去研究、探索、充实循环训练法，使其更完整、更科学、更好地为提高运动技术水平服务。

在运用循环训练法时一般要考虑下列问题：

第一，循环练习的编组。每组练习要包括发展各种身体素质的内容，并把成套中对身体有不同性质影响的动作相互搭配与替换。另外，所选的内容应是结构简单、难度较小、便于练习的。各组的项目和数量，可根据练习者的身体素质发展情况和具体的目标任务做相应的调整。

第二，循环练习的负荷量。安排循环练习的负荷量，首先要确定各个项目的练习次数和强度。练习次数、间歇时间和循环练习的组数要根据练习者的身体情况来确定，务必做到因人而异。根据需要，各个项目的次数一般以不超过运动员极限体能的2/3为限。要求速度性练习以中上强度为宜。为了收到循环练习的更大实效，可以适当缩短每组练习的总时间或逐步提高单位时间内动作的重复次数，以加大强度。需注意的是，在循环训练时要严格执行区别对待原则，防止过度疲劳的发生。

三、变换训练法

变换训练法是指变换运动负荷、练习内容、练习形式以及条件，以提高运动员积极性、趣味性、适应性及应变能力的训练方法。变换训练法是根据实际比赛过程的复杂性、对抗程度的激烈性、运动技术的变异性、运动战术的变化性、运动能力的多样性以及中枢神经系统的灵活性等一般特性而提出的。变换练习内容，可使运动员不同运动素质、运动技术和运动战术得到系统的训练和协调发展，从而使之具有更接近实际比赛需要的多种运动能力和实际应变能力。

在高尔夫运动中可采用的变换训练方式有：

第一，变换动作的形式。其目的在于利用动作本身的可变因素，有选择地变换动作形式，使运动员可以熟练地掌握技术。它主要是通过改变动作的做法或姿势来实现的，但应考虑动作的结构基本相同。尽管动作的难度不一样，但关键技术要有共同点，这样既可发展专项素质，又可巩固关键技术。

第二，变换训练环境。其目的在于调节运动员的心理状态。研究证明，改变外界环境时，这种新异刺激一定会引起练习者注意力的集中或扩散，特别是对初学者而言。根据训练与比赛任务的需要，正确地变换训练环境可以提高对外界的应变能力，激发运动员的积极性和兴趣。变换训练环境一般是通过变换训练自然环境和训练气氛来实现的，在训练中常变换器械、训练场地、时间等。

第三，变换练习的条件。其目的在于提高或降低练习的难度，简化学习的动作过程，使运动员迅速掌握动作技术或提高动作质量。在训练实践中，一般是通过变换器械的长短、重量等来变换练习条件的。

运用变换训练法应注意的几个问题有：

第一，运用变换训练法应从实际出发，根据训练的具体条件，有目的、有计划地采取某种变换方式，切忌单纯追求变换，特别是变换训练环境不要过于频繁。

第二，变换动作的形式时，特别注意不要改变动作的结构特点，要把握技术动作的核心，万变不离其宗，千变万变都应以技能迁移的基本规律为依据，产生良性刺激，取得好的效果。

第三，采用不同的变换方式训练达到目的后，应及时恢复到符合比赛规则的情况下进行训练，避免变换训练形式的动作不适应比赛要求。

第四，变换动作条件应由简到繁，由易到难，简单易行，安全可靠，避免造成心理障碍，不利于动作技术的掌握。

第五，合理地采用变换训练法并使多种变换方式相结合，达到在有限的时间内获得最佳效果是训练中较为困难复杂的问题，教练员应使每一种变换方式都用于适合解决问题的一定范围之内。

运用不同方式的变换训练法均有利于提高运动员有机体对训练和比赛的适应能力，有助于调节心理过程，调动训练积极性，加快熟练掌握技术动作，提高动作的准确性、稳定性等。

四、持续训练法

持续训练法是指负荷强度较低、负荷时间较长、无间断地连续进行练习的训练方法。持续训练主要用于发展一般耐力素质，并有助于完善负荷强度不高但过程细腻的技术动作，可使机体运动机能在较长时间的负荷刺激下产生稳定的适应，内脏器官产生适应性的变化，可提高有氧代谢系统功能以及该功能状态下有氧运动的强度，可为进一步提高无氧代谢能力及无氧工作强度奠定坚实的基础。持续训练法可分为三个基本类型：

第一，短时持续训练方法。短时持续训练方法的特点是：每次持续练习的负荷时间为 5 ~ 10 分钟；负荷强度控制在每分心率指标平均为 150 次左右；间歇时间充分，但练习组数不多。该方法是持续训练法中应用较多的一种。该方法练习的主要目的是：发展以有氧代谢为主的无氧与有氧混合供能的能力，提高以有氧代谢为主的运动强度。

第二，中时持续训练方法。中时持续训练方法的特点是：每次持续练习的负荷时间稍长，通常为 10 ~ 20 分钟；负荷强度是每分心率指标平均为 170 次左右。该方法练习的主要目的是：重点发展运动员有氧代谢系统的工作能力。

第三，长时持续训练方法。长时持续训练方法的特点是：每次持续练习的负荷时间较长，通常在 20 分钟以上；负荷强度较低，负荷强度控制在每分心率指标平均为 160 次左右。该方法的练习目的是：重点发展运动员有氧代谢系统的供能能力，使运动员能够稳定地发展有氧代谢工作状态的适应能力。

高尔夫运动需要运动员具备全面的身体素质，持续训练法应用的主要目的是着重发展高尔夫球运动员的有氧代谢水平，为进一步提高无氧代谢水平奠定基础。

在进行高尔夫运动的训练时，可交叉运用各种持续训练方法。其中，在基础训练阶段或冬训阶段，采用长时持续训练方法的时间比重较大；在专项训练阶段或竞赛期早期训练阶段，采用短时持续训练方法的比重较大。这样安排的目的是通过长时持续训练方法提高运动员的有氧代谢水平，以及有氧与无氧代谢过程转换的能力，从而为提高无氧代谢能力奠定基础。对于高尔夫项目的力量训练，在采用短时持续训练方法时，重点应放在力量负荷、动作速度负荷及负荷时间的安排上。

五、比赛训练法

比赛训练法是指在近似、模拟或真实、严格的比赛条件下，按比赛的规则和方式进行训练的方法。比赛训练法是根据人类先天的竞争和表现意识、竞技能力形成过程的基本规律和适应原理、现代竞技运动的比赛规则等因素而提出的一种训练法。运用比赛训练法有助于运动员全面并综合地提高专项所需要的各种竞技能力。

根据比赛训练法的训练表现和性质，可以把比赛训练法分为教学性比赛、模拟性比赛、检查性比赛、适应性比赛和正式比赛等五种类型。根据比赛训练法的释义和基本类型，可以看出比赛训练法是运动训练的重要方法之一。运动员依据训练水平与训练任务可以选择不同类型的比赛训练方法，应该说比赛训练法对于不同训练水平的运动员均适用。从比赛训练法的含义中我们不难看出，比赛训练法的关键就在于竞赛、运动员间的积极竞争。在技术、战术的训练中，为了达到具体的目的，可采取灵活多样的互相之间比较水平高下的形式。比赛训练法的主要理论依据有以下两点：①“从难、从严、从实战需要出发”的训练原则；②运动竞技能力的“迁移”理论，即通过各种形式的比赛训练法将训练中逐渐获得和形成的运动竞技能力迁移到比赛中去，创造运动成绩。一般来说，高尔夫球初学者上手的门槛相对于其他球类运动要高。在没有经过正规训练，基本功没有一定时间、数量累积的情况下，是不可能进行正式比赛的。但是，高尔夫球基本功的练习非常枯燥乏味，非专业的运动者一般无法坚持完成，但是如果能把比赛训练法很好地应用到高尔夫基本动作的教学当中，将极大地提高他们的兴趣。曾经有人做过实验，在一次击球的教学课上，把班上的学生分成人数相等的 A、B 两组。在统一讲解，示范了击球的动作要点以后，A 组的学生采用“比赛训练法”练习，边跟教练示范练习，边互相比赛看谁的动作准确性更高、击球距离更远。B组的学生采用一般的练习方法，自己跟着教练的示范进行练习。很快，B组的学生出现厌烦的情绪，一段时间以后大多数对击球练习失去兴趣，而A组的学生从始至终都保持良好的兴趣，一直在主动练习。一节课完了以后，A组的学生动作初步掌握的人数达到了80%以上，而B组只有50%不到，这就是“比赛训练法”在高尔夫球训练中应用的一个很好例证。要把“比赛训练法”应用到高尔夫球的教学当中，我们首先要让学生明白，并不是只有按正式规则比赛这一种形式，能进行比赛的形式有很多，就高尔夫运动而言，初学者击球的成功率、准确性，甚至是空手挥杆的动作优美程度，都可以是“比赛训练法”的一部分。

比赛训练法在实际的应用中要遵循以下几个原则：

第一，根据训练所处的具体阶段，采取相应的比赛训练方式。也就是说，比赛训练的方式、内容要根据不同人的实际情况来决定，只有制定与训练者的水平相适应的比赛训练方法，才能更好地应用比赛训练法。

第二，无论采用何种比赛训练方式，都应该有明确的训练目的和具体的比赛规则及方法，这样训练者才能全力以赴实现训练目的，达到训练效果。有明确的训练目标，就是说训练必须有针对性，什么方面不足、需要提高就练什么：力量不足就练力量，姿势不对就改姿势，动作不熟练就练动作。只有做到有的放矢，才能事半功倍。具体的比赛规则及方法是训练效果的保证。比赛训练法并不是为了比赛而比赛，它是为了训练效果而比赛。如果只是为了得到比赛的胜利而进行比赛训练，忽略了中间的过程，那这样的比赛训练也就达不到想要的效果。

第三，每次比赛训练完成以后，都应该及时做好记录，并进行小结。不管什么样的练习都不应该是盲目的练习，教练和运动员都应该非常清楚地知道训练的内容是什么，训练的目的是什么，训练完成后达到了什么样的效果，还有什么地方是没有做到做好的，这样才是真正系统有效的训练。及时做好记录是比赛训练不可或缺的一部分，它能为下一步训练指明方向。每次的训练情况小结更是起到画龙点睛的作用，它能告诉你这次训练做了什么，做好了什么，收获了什么，还有什么是没有做到的，所有的一切都能在小结中找到答案。

第十三章

高尔夫专项身体素质训练

第一节　身体素质的训练

身体素质的训练主要是发展运动员的速度、力量、耐力、柔韧、灵敏等运动素质，是提高和保持运动成绩的基础。高尔夫运动对身体素质的要求非常高，它对运动员打球的远度和准确性，对身体力量的控制，对爆发力、耐力、柔韧等均有要求。

高尔夫运动主要运用的身体肌肉群包括整个上肢肌肉和下肢肌肉，核心肌群具体包括竖脊肌、腹直肌、腹内斜肌、腹外斜肌、前锯肌、背阔肌、三角肌等。

对不同的肌群所使用的训练方法不同。

上肢力量训练方法：

1. 俯卧撑练习。

要求：两手撑的位置靠近腹部，身体保持在一个平面，支撑快起、慢落，身体不要塌腰，每组 10～15 次。

2. 立卧撑练习。

要求：练习立卧撑时，身体不要接触地面，撑起的同时收腹站立，其他和俯卧撑要求相同，每组 10～15 次。

3. 举哑铃练习。

要求：两脚自然站立，上体正直，挺胸抬头，两臂屈臂快举、慢落。下落时两肩打开，每组 10 ~ 15 次（重量适宜）。

4. 哑铃扩胸练习。

要求：两脚自然站立，上体正直，两臂平举伸直扩胸，身体不要前后晃动，每组 10 ~ 15 次（重量适宜）。

5. 哑铃臂屈伸练习。

要求：两臂同时或交叉进行，上体保持正直，每组 10 ~ 15 次（重量适宜）。

6. 杠铃挺举练习。

要求：两脚自然开立或与肩同宽，提拉翻腕时，肘关节向前方抬起，挺举时可以并步或跨步挺，每组 10 ~ 15 次（重量适宜，注意安全）。

7. 杠铃抓举练习。

要求：两脚与肩同宽，两手握杠宽于肩，提拉同时迅速翻腕、后伸顶肩举起，每组 5 ~ 10 次（重量适宜）。

8. 杠铃卧推练习。

要求：两手握杠稍宽于肩，推时快起、慢落，每组 10 ~ 15 次（重量适宜，保护帮助完成）。

9. 引体向上练习。

要求：双手正握杠，握杠与肩同宽即可，身体不要左右摆动，每组 10 ~ 20 次。

10. 双杠臂屈伸练习。

要求：选择低双杠，练习时身体与地面保持垂直，每组 5 ~ 10 次。

11. 双杠支撑摆动练习。

要求：低杠进行，支撑摆动时两臂直臂摆动，身体摆动高度超过杠面即可，每次摆动 10 ~ 15 次（注意安全）。

12. 组合器械练习。

要求：利用组合器械发展上肢力量练习，根据身体素质情况分组，练习次数保持在 10 ~ 15 次均可。

13. 角力练习。

要求：两人一组，分别站在横线后，双方可以推拉，迫使对方失去平衡，如有一方有一只脚离地就算失败，双手交换进行。

14. 抛投实心球练习。

要求：练习时认真、合理分组，注意安全，每组 20 ~ 40 次。

15. 推小车游戏练习。

要求：两人一组，推车人不要用力向前推，或左右拖拉，每次练习的距离不要太长，10 ~ 15 米即可，速度也不要求一致，可多轮换。

16. 横绳拔河练习。

要求：画三条间隔 3 米的平行线，粗绳一根，根据学生多少分成两组，双方力争把绳拉过背后 3 米线，先到者为胜。

17. 抓空拳。

作用：发展手的抓握力量。两手五指自然分开，然后由五指开始向手心慢慢用力抓握成拳，反复多次，直到感到手酸、抓不住为止。

18. 支撑倒立。

作用：锻炼肩部肌群，两手撑地，后脚跟靠墙做手倒立，倒立时直臂、顶肩，保持身体直立、紧张，尽量延长时间，可有人配合、扶持。

19. 哑铃直臂扩胸。

作用：锻炼胸大肌、三角肌、斜方肌，两脚开立与肩同宽，身体直立，手持哑铃成前臂前平举，两臂分开向后扩胸到最大限度，还原成前平举姿势，上体尽量不动。

20. 哑铃直臂上举。

作用：锻炼上臂肌、三角肌，两脚开立与肩同宽，身体直立，两手持哑铃于体侧经体前上举，然后经体前落下，上体尽量不动。

21. 哑铃侧平举。

作用：锻炼三角肌、斜方肌，两脚开立与肩同宽，身体直立，两臂下垂，手持哑铃直臂向上侧平举后落下还原。

22. 杠铃、哑铃屈臂。

作用：锻炼肱二头肌、肱肌等，两脚开立与肩同宽，身体直立，两臂下垂反握杠铃或哑铃，上臂固定于体侧，小臂向前屈举，尽量靠近胸部落下。

23. 杠铃推举。

作用：锻炼肱三角肌、胸大肌、三角肌。两脚开立与肩同宽，两手握杠翻握于颈前或颈后，用力向上推举至两臂伸直，推举宽握有利于发展胸大肌、三角肌，窄握有利于发展肱三头肌。

24. 屈体斜拉杠铃，锻炼背阔肌。

作用：两脚开立与肩同宽，身体前屈，两臂下垂，手握杠铃用力提拉杠铃到腹部，并经胸前向前斜下方推送至原位。尽量靠近身体，下推时杠铃触地。

这些锻炼方式都可以加强上肢的力量。但是要注意的是，在利用器械进行锻炼的时候，一定要有人在你的身边进行保护，以免在锻炼过程中产生疏忽而导致发生严重的后果。

下肢力量训练方法：

1. 负重提踵，即背负重物提脚尖。向上提踵时要爆发，迅速向上提，在最高点定 1 ~ 2 秒，然后慢慢下落。

2. 蛙跳，在水泥地跳，在沙地或小腿承重情况下练习。

3. 负重深蹲，根据个人能力，扛着杠铃做深蹲，和提踵一样快起慢落，腰挺直。

4. 拉跟腱，找台阶，脚尖站在上面，和提踵一样，使劲向上顶，然后慢慢落下，落下时脚后跟一定要尽量碰到地。

举例演示几种常见器械训练：

选择适宜的负荷量，最好采用 10 负荷原则，主要发展速度力量，每组 10～15 次，一般要练习三组，要快起慢下，负重后要练习高速冲拳或高抬腿跑，保持动作的运动频率。在个人进行专项身体素质练习时，采用组合器械练习是比较安全的，可行性和实用性都很高（如图 13－1 至图 13－10 所示）。

图 13－1　上肢扩胸练习

图 13－2　上推力量练习

图 13－3　胸推力量练习

图 13－4　划船练习

图 13－5　上肢上斜举力量练习

图 13－6　下肢负重提踵

图 13－7　上肢、腰腹拉伸练习

图 13－8　上肢下拉力量练习

图 13－9　杠铃卧推（需要有人进行保护帮助）　图 13－10　腰腹肌练习——仰卧起坐

高尔夫运动专项要加强腰、背、手臂（特别是三角肌和肱二头肌）力量练习，并且同步发展小肌肉群，增强身体控制能力，从而使运动员具备良好的平衡、协调能力。因此，高尔夫运动是一项比较敏感的运动，要求感觉细腻，空间感、位置感好，肩和腰等部位的柔韧性和活动范围都要比较好。

第二节　高尔夫运动损伤及康复

一、运动损伤及处理

什么是运动损伤？在体育运动过程中所发生的各种损伤统称为运动损伤。运动损伤与一般的工伤或日常生活中的损伤有所不同，它的发生与运动项目、训练安排、运动环境、运动者的自身条件以及技术动作有密切的关系。运动损伤对运动员所造成的影响是严重的，不仅影响正常的训练、比赛，妨碍运动成绩提高，减少运动寿命，严重的还可能引起残废甚至导致死亡。对体育健身参加者来说，也将影响其健康、学习和工作，对其造成不良的心理影响，妨碍体育健身的正常开展。因此，在体育健身中，我们对运动损伤的预防应有充分的认识，需要很好地掌握运动损伤的发生规律，切实做好预防工作，最大限度地减少或避免运动损伤。同时，还应了解和掌握一些体育健身运动中常见的运动损伤的产生原因、预防与处理方法，从而使体育健身健康、安全而富有成效。

（一）造成运动损伤的原因及预防方法

1. 造成运动损伤的原因。身体某部的解剖弱点及运动技术上的特殊要求，可以构成发生运动损伤的可能，此外尚需一些直接的条件才能引起损伤。这些条件主要有下列四个方面：

（1）训练水平不足。训练不够不仅影响成绩，而且常常是致伤的重要原因。

（2）比赛、教学或训练课组织不当。如缺乏医务监督（让有伤病或过度训练的运动员参加运动），不遵守训练原则，缺乏保护，竞赛组织安排（如比赛路线、时间的选择、项目次序的安排等）不当，场地器材不合卫生要求，保护服装的损坏和不合要求等，都可能导致运动损伤。

（3）运动员生理状态不良，如疲劳、病后、精神紧张、掌汗或胼胝等。

（4）不良的气候因素或突变的环境因素，如雨后路滑，光线不足，气温过高或过低，时差因素，海拔高度变化等。

2. 运动损伤的治疗原则。

（1）合理安排伤后训练。这是治疗运动损伤的首要内容，其意义在于保持运动员在训练中已经获得的训练效果，使其一旦伤愈即能迅速投入正规训练，可以防止因伤后突然停训而引起的“停训综合征”。伤后训练可以通过肌力练习防止伤部肌肉萎缩，加强关节稳定，加速血液循环，改善伤部组织代谢与营养，消除粘连，刺激生长，缩短修复时间，还可以使伤部得到适当休息。运动员受伤后应尽量避免完全停止训练。为达到合理安排的目的，必须采用“三结合”的工作方法，即医生首先根据伤情、损伤机理、解剖弱点等提出应避免或减少哪些动作，应加强哪些肌肉的练习，接着教练员提出全面及伤部训练的具体计划交运动员研究试用，并详细记录其反应，最后再共同修改制订新的计划。只有这样反复实践，才能使计划较为科学。

（2）使用支持带及保护带。其目的是防止再伤和保护已伤关节的稳定，使运动员能迅速投入训练。

（3）局部治疗，如按摩、理疗、外敷药、局部封闭，对止痛、改善伤部代谢、消除水肿、加速愈合、消除疤痕粘连与萎缩等均有一定效果，但采用必须适时适当。如系严重损伤，应根据情况采用手术或非手术治疗，如石膏或夹板固定等。

（4）注意全身治疗。运动损伤的发生常与全身状态不良有关，治疗时也应注意全身状态的改善，必要时补给维生素 B1，C，E 等。

3. 运动损伤的预防。有效预防运动损伤，须注意以下方面：训练方法要合理。要掌握正确的训练方法和运动技术，科学地增加运动量。对于不同性别、年龄、水平及健康状况的人，训练时在运动量的安排上应因人而异、循序渐进。例如，对于年龄小的人，在训练内容上应把全面身体训练和专项身体训练结合起来，并以全面身体训练为主；在运动量的安排上应考虑到他们的生理特点，与成年人比较起来训练时间要短些，强度、密度要小些。另外，准备活动要充分。在实际工作中，我们发现不少运动损伤是由准备活动不足造成的。因此，在训练前做好准备活动十分必要。准备活动可以提高中枢神经系统的兴奋性，克服机体机能活动的生理惰性，为正式练习做好准备。准备活动能增加肌肉中毛细血管开放的数量，提高肌肉的力量、弹性和灵活性，同时可以提高关节韧带的机能，增强韧带的弹性，使关节腔内的滑液增多，防止肌肉和韧带损伤。在进行准备活动时，既要让躯干、肢体的大肌肉群和关节充分活动开，也要注意各个小关节的活动。准备活动还应增加一些专项素质的内容。

注意间隔放松。在训练中，每组练习后为了更快地消除肌肉疲劳，防止由于局部负担过重而出现运动损伤，组与组之间的间隔放松非常重要。一些运动员在间隔时间内往往站在一旁不动或千篇一律地做些放松跑，这样并不能加快机体疲劳的消除，再进行下组练习时还易出现损伤。由于各个项目的练习内容不同，间隔放松的形式也应有所区别。例如：着重于上肢练习的项目，在间隔时间可做些放松慢跑；着重于下肢练习的项目结束后，可以在垫子或草地上仰卧，将两腿举起抖动或做倒立。这样一方面可以促进血液的回流，改善血液的供给，另外也能使活动肢体中已疲劳的神经细胞加深抑制，得到休息，对于消除疲劳及防止运动损伤有着积极意义。

防止局部负担过重。训练中运动量过分集中，会造成机体局部负担过重而引起运动损伤。例如，膝关节半蹲起跳动作过多，易引起髌骨损伤；过多地练习鸭步，可引起膝内侧副韧带及半月板的损伤。在训练中应避免采用单调的训练方法，防止局部负担过重。应加强易伤部位肌肉力量练习。据统计，在运动实践中，肌肉、韧带等软组织的运动损伤最为多见。因此，加强易伤部位的肌肉力量练习，对于防止损伤的发生具有十分重要的意义。例如，加强股四头肌力量的练习可以防止膝关节损伤，而防止肩关节损伤则应加强三角肌、肩胛肌、胸大肌和肱二头肌的练习。除上述几条以外，搞好医务监督、遵守训练原则、加强保护、注意选择好训练场地，也是预防运动损伤的重要内容。

（二）运动损伤急救

这里介绍两种常见的运动损伤的简易急救技术。

1. 止血。出血可分为外出血和内出血两种。在开放性损伤中，血管因受伤破裂，而致血液自伤口向体外流出称外出血。这里介绍外出血的止血法：

（1）加压包扎法。小的外伤、毛细血管或小静脉出血，流出的血液易于凝结，在伤口部盖上消毒材料，然后用三角巾或绷带加压包扎即可。

（2）指压止血法。一般用于动脉止血，即用手指将出血动脉的近心脏端用力压向其相对的骨面，以阻断血液来源而达到临时止血的目的。

（3）止血带止血法。四肢大动脉出血，不易用加压包扎或指压法止血时，可用止血带（橡皮带或其他代用品）缚扎于出血部的近心脏端。应用止血带，不能直接压在皮肤上，先要在上止血带的部位用三角巾、毛巾等软物包垫好，将伤肢高抬，再扎上止血带，其松紧度以能压住动脉血流为原则。缚后以肢端腊色为宜，如果呈紫红色则以能压住动脉血流为原则适当放松，如系上肢应每隔 20 ~ 30 分钟放松一次，如系下肢应每隔 45 ~ 60 分钟放松一次。凡上止血带后的伤者，必须记录上止血带的部位与时间，并迅速送医疗单位。

2. 包扎。包扎有保护伤口、减少感染机会、压迫止血、固定骨折和减少伤痛的作用，是损伤急救的主要技术之一。包扎常用的材料有绷带、三角巾等。现场如果没有这些材料，亦可用毛巾、衣物等代替。包扎动作应力求熟练、软柔，松紧应适宜。这里介绍采用绷带或类似绷带材料的几种包扎法：

（1）环形包扎法。该方法常用于肢体较小部位的包扎，或用于其他包扎法的开始和终结。包扎时打开绷带卷，把绷带斜放伤肢上，用手压住，将绷带绕肢体包扎一周后，再将带头和一个小角反折过来，然后继续绕圈包扎，第二圈盖住第一圈，包扎三四圈即可。

（2）螺旋包扎法。将绷带卷斜行缠绕，每卷压着前面的一半或 1/3。此法多用于肢体粗细差别不大的部位。

（3）反折螺旋包扎法。做反折螺旋包扎时，用一拇指压住绷带上方，将其反折向下，压住前一圈的一半或1/3。此法多用于肢体粗细相差较大的部位。

（4）“8”字包扎法。多用于关节部位的包扎。在关节上方开始做环形包扎数圈，然后将绷带斜行缠绕，一圈在关节下缠绕，两圈在关节凹面交叉，反复进行，每圈压过前一圈一半或1/3。

二、高尔夫运动常见运动损伤及处理方法

1. 肌肉韧带拉伤。

内因：训练水平不够，柔韧、力量、协调性差，生理结构不佳。

外因：准备活动不充分，场地、气温、湿度条件不适宜，上课内容不好，教练专业。水平不够。

预防：选教练、场地及适当的课程，在正常天气情况下锻炼，准备活动充分，循序渐进。

处理：24小时前为急性期，处理方法为停止运动、冷敷、包扎、抬高受伤部位；24小时后为恢复期，配合按摩、微动、康复或恢复性锻炼。

2. 关节扭伤。

内因：技术掌握不好，协调性差，关节周围肌肉力量小，生理结构不佳，疲劳导致体力不足。

外因：准备活动不够，场地滑，器材使用不当，教练、内容不好（动作速度快、转、跳多）。

预防：准备活动充分，了解设备使用，循序渐进，让教练或自己速度放慢。

处理：24小时前为急性期，处理方法为停止运动、冷敷、包扎、抬高受伤部位；24小时后为恢复期，配合按摩、微动、康复或恢复性

锻炼。

3. 运动疲劳。

表现：心悸、心动过速，运动后血压、脉搏恢复慢，内脏不适，血尿，等等。人发冷多汗，脸色白或红，头痛、头晕、身虚、筋疲力尽。

原因：训练方法不对，不循序渐进，运动量过大，训练时间过长，休息不充分，等等。

预防：安排合理的训练时间、计划，注意劳逸结合。

处理：调整锻炼计划，运动量须循序渐进，进行系统、全面训练。

4. 重力性休克。

表现：头晕、眼发黑、心难受、脸苍白、手发凉，严重时晕倒。

原因：运动时血液都供应下肢，突然停止运动时静脉血回流不够，脑缺血缺氧，产生脑贫血。

预防：强度运动后，不要马上停止运动。

处理：让患者平卧，脚垫高、头低于脚，从小腿顺大腿按摩。

5. 肌肉痉挛。

表现：腿和腹部的疼痛和抽筋现象。

原因：经常在冷的地方锻炼，喝冷饮料，不做伸展运动和按摩，不喝盐水会使病情更严重。

预防：注意选择良好的锻炼环境，准备活动要充分。

处理：休息，让练习者到良好的环境去放松、休息。

6. 运动腹痛。

原因 1：肝脾瘀血，慢性腹部疾病。

原因 2：呼吸肌痉挛（准备活动不够，肺透气低，运动与呼吸不协调）。

原因 3：胃肠痉挛（运动前吃得过饱，饭后过早运动，空腹或喝水太多）。

预防：运动前健康检查，合理安排运动饮食，吃饭前后 1 小时运动，不空腹或喝水太多。

处理：减慢运动速度，加深呼吸、调整运动呼吸节奏，手按疼痛部位，实在不行停止运动，口服减痉挛药物（阿托品、十滴水）。

7. 脚底筋膜炎和神经刺痛。

原因：脚底频繁压力过大产生的疼痛，原因是套路不适合、鞋子问题、脚的生理结构不好等。

预防：准备活动要充分（包括脚部的准备活动）。

处理：注意放松休息，辅以适当按摩、洗热水澡。

8. 肌腱、小腿肌痛

原因：经常提脚跟造成的。

预防：在运动前后的准备活动和放松中要多伸展肌腱、小腿肌。

处理：注意放松休息，按摩，洗热水澡，伸展练习减轻疼痛，等等。

9. 半月板症。

原因：半月板症一般由过度膝部动作、跑步造成，半月板症常会有“咔”的响声。

预防：减少过多的膝部动作，减少转体、跳等撞击动作。

处理：注意放松休息，按摩，洗热水澡。

10. 关节炎、黏液囊炎

原因：过度训练。

处理：休息和看医生。

骨关节炎是在软骨的磨损下，关节变得肿大、水肿。

11. 腰肌劳损。

原因：练习方法不当（如仰卧起坐时不屈腿）、急于求成而致疲劳损伤。

预防：学习正确的动作技术，不急于求成。

处理：注意放松休息，按摩，洗热水澡。

12. 颈椎疾病。

原因：练习方法不当（如仰卧起坐时不抱颈）、颈部运动过多而疲劳损伤。

预防：学习正确的动作技术，颈部运动不要过多。

处理：注意放松休息，按摩，洗热水澡。

13. 胫骨膜炎。

表现：胫骨前骨膜与骨有剥离的感觉，产生疲劳、酸痛。

原因：练习方法不当，地面不平，小腿的肌肉发展不平衡，突然的压力。

预防：学习正确的锻炼方法（如不要长时间做连续跳跃动作、上下踏板动作）。

处理：注意全面锻炼，练习后要放松休息，适当按摩，洗热水澡，做伸展练习减少疼痛等。

第十四章
高尔夫专项技术训练

高尔夫球技术是高尔夫运动发展中的三大要素之一。素质是基础，技术是关键，高尔夫运动对技术要求很高，这里面介绍些高尔夫核心技术原理：

第一，挥杆击球的技术原理。高尔夫运动的挥杆击球运用的是挥杆过程中的离心力，流畅的挥杆、合理的挥杆平面是击球的基础。

第二，高尔夫挥杆是双支点运动。高尔夫运动在上杆和下杆过程中遵循双支点能够合理发挥身体的综合效果，重心的转移会为挥杆带来重要能量，在此过程中上杆和下杆分别用两个不同的脚来支持（特殊打法除外）。以右手击球为例，上杆时是右脚支持，下杆击球时是左脚支持，如果顺序不正确，球的飞行就会出现异常。

第三，上杆与下杆的合理顺序。为了能够发挥身体的能量，在上杆和下杆时重心的转移是个难点，根据身体形态可分为上部、中部、下部，上杆旋转时的顺序是上、中、下，而下杆过程应该是下、中、上，这样会带来更大的扭力，为杆头带来更大的挥速，这是挥杆击球的关键要素之一。

运动员技术的正确定型和运用能力非常重要。高尔夫的技术练习主要包括练习场练习和下场练习。练习场练习主要是针对基本的挥杆技术进行的专门练习，可采用大量练习球和重复练习方法来学习和巩固各种挥杆技术，这是高尔夫技术练习的重要内容。练习场练习分为打击垫练习、真草练习和模拟器练习。打击垫练习由于缓冲较好，能够使打得较差的球也表现出较好的飞行效果，但不能反映出挥杆技术的真实水平；在打击垫练习较为稳定的前提下，如有条件可进行真草击球练习，使挥杆与击球更接近实际球场情况。在练习场练习较为成熟的前提下可进行室内模拟器练习或下场实际进行练习。练习场练习相对成熟是指 1 号木杆技术要稳定，球道木杆基本稳定。通过下场练习，会发现技术和心理多方面的不足，然后回到练习场进行专门练习，再采用下场练习与练习场练习兼顾的模式。在工作学习较为繁忙的时候，有空可多进行练习场练习，在北方，冬季也是进行练习场练习的主要时候，有条件的可多进行室内模拟器练习。

初学者练习场练习注意事项：

第一，必要的运动着装。练习场练球的着装可适当自由些，没有下场打球要求得那么高，但是，从运动安全与舒适方面考虑，还是要穿运动装。鞋子应该穿高尔夫专用鞋，一方面是由于高尔夫击球过程有大量的重心转移单脚支持动作，专业高尔夫鞋对脚具有良好的保护与支持作用；另一方面，脚也要适应高尔夫鞋，避免下场击球时不适应，要形成整体的动力定型。初学者双手应佩戴手套，以帆布的、通气效果好的为主，这是因为初学者合理的发力动作还没有建立，手握杆的方法与稳定性不够，容易造成局部严重摩擦而致损伤。

第二，准备活动要充分。在练习击球前，应该做好全身充分的热身，保证关节与肌肉充分活动开，避免拉伤。

第三，注意练习节奏。练习时先进行握杆短杆小幅度空挥练习，然后进行全挥杆练习，短杆小幅度击球练习，短杆全挥杆击球练习，再不断增加杆的长度进行练习。初学者的全挥杆击球数量应保持在 200 颗左右，或观察手部磨损的程度来定，一定要避免手部的损伤。

第四，学会思考。高尔夫运动是一项思维性的运动，击打 20 ~ 50 个球后就应该暂停下来分析、思考、总结一下自己动作技术的状况，如有问题找一下原因，不要只是一门心思地击球。

第五，标准技术动作与个人技术动作。高尔夫运动对技术的要求较高，在练习过程中，自己的球可能会出现问题，原因可能是对技术动作没有完全掌握。不要通过改变合理球位、不正常上杆等来追求一时的击球效果，要自己分析出问题的原因或请教教练或老师来进行科学合理的调整。

第六，注意放松。当能够适应大量击球后，在炎热天气练球时也要注意适当休息，休息时应摘下手套让手通风，并适当按摩，避免天然大量、大强度挥杆造成手背静脉瘀血。练习结束后要适当进行全身拉伸放松。

第十五章

高尔夫球手心理素质训练

心理因素对运动有重要影响。与许多竞技项目不同，高尔夫运动与其说是一场与别人的对抗，更像是一次自己与自己的较量，它需要足够的耐心和专注，可以锻炼一个人独立思考的能力，培养一个人积极进取的心态。有人形容高尔夫运动的 18 洞就好像人生，障碍重重，坎坷不断，然而一旦踏上了球场，你就必须集中注意力，独立面对比赛中可能出现的各种困难，学习如何通过缜密的思考做出正确的判断，从而找到解决方案，并独自承担一切后果。也许，常常还会遇到这样的情况：你刚刚还在为抓到一个小鸟球欢呼雀跃，下一刻大风就把小白球吹跑了；你才在上一个洞吞了柏忌，下一个洞你就为抓了老鹰而兴奋不已。在高尔夫球场上，短暂的领先并不代表最终的胜利，而一时的落后也不意味着全盘失败，只有凭借毅力坚持到底，才有可能成为最后的赢家。好的心理素质应该是：能独立处理问题，能调节情绪与心境，直面挫折，抵御压力，保持积极进取的心态去应对每一次挑战。

一、高尔夫球手应具备的心理素质

（一）高尔夫球手的界定

这里提到的高尔夫球手是指经过多年的系统训练，具有较高高尔夫技术和战术水平，较为成熟的、职业的或业余的高尔夫运动的从事者。

（二）心理素质的概念

心理素质的新概念是：心理素质是个体人格的力量和强度。心理素质的强弱和好差可以从“抗压能力”（即挫折耐受力）和“抗拉能力”（即抗心理冲突能力或选择能力）两个方面进行理解。关于个体的心理素质，学者有多种论述，比如：个体的素质包括自然素质、心理素质和社会素质，心理素质“乃是一系列稳定的心理特点的综合”，它的内容包括“智力素质”（观察力、记忆力、想象力、思维力、注意力）和“非智力素质”（包括动机、兴趣、情感、意志、性格）。通常我们讲某人的心理素质不是智力因素中的智商或能力，而是指他的非智力因素。良好的心理素质主要包括理性的认知观念、恰当的情感调控、良好的性格特征、良好的人际关系以及健全的自我意识等几个主要方面的内容。

（三）高尔夫球手应具备的心理素质

世界球王班恩·豪根（Ban Haugen）说：“打高尔夫球80%靠智慧，20%靠体力（挥杆）。”杰克·尼克劳斯（Jack Nicklaus）说：“在进行推杆的时候，要排除一切杂念。”彼得·寇斯蒂（Peter Korsty）说：“高尔夫成功的要素，以顺序为心和挥杆，好的挥杆只占成功的20%。基本上，在球场上的每一个人动作都很好，因此赢家必须具有冠军的心。”

优秀的高尔夫球手应该具备全面的身心素质，高尔夫运动可称为“体、心、智能”的运动项目，这里的体力是指挥杆，心是指心理素质的非智力因素，智能是指球手的智力因素。根据著名高尔夫球手的论述以及本人多年从事高尔夫运动及教学的体验可以认同，高水平的高尔夫球手在比赛过程中心理素质是起到决定性作用的影响因素，包括智力因素和非智力因素。高尔夫球手的智力因素会影响球手对高尔夫技术的学习、对处理球的判断、对各种影响击球效果因素的计算以及击球方法的选择等方面，非智力因素会影响球手职业生涯的设计、抗挫折的能力、情绪的有效调控、合理技术的发挥等方面。

二、高尔夫球手的心理诊断

（一）诊断内容

要想解决球手的心理问题，首先要知道球手存在哪些问题，基于高尔夫运动的特点，应该对球手进行以下几个方面的检测：

1. 智力水平。智力水平包括智商以及综合文化知识，其中哲学、基本物理学、生理学是重点。

2. 心理的非智力素质。心理的非智力素质主要包括动机、兴趣、情感、意志、性格等方面，其中一定要注重球手的主体遗传素质，包括运动员的神经类型、智力品质、反应速度、肌肉类型等方面，这些素质主要取决于其先天的遗传因素，并制约着运动员的后天发展。

（二）具体心理素质的诊断方法

1. 心理量表诊断法。目前，在体育科研中按照心理量表的使用频率排序为：卡特尔 16 种个性因素测验（16PF）、状态—特质焦虑问卷（STAI）、症状自评量表（SCL－90）、运动竞赛状态焦虑量表（CSAI－2）、艾森克个性问卷（EPQ）、运动竞赛焦虑测验（SCAT）、80.8 神经类型测验（80#8）、韦氏智力量表（WAIS－R）、运动成就责任认知问卷（SAR）。

2. 日常观察法。根据球手日常生活、训练、比赛等方面的表现，特别是特殊情况的处理来分析、判断球手特有的心理素质情况。

3. 访谈法。可有计划地同球手结合适当的主题进行交谈来诊断球手的心理素质状况。

三、高尔夫球手心理素质的训练方法

高尔夫球手心理素质的训练方法如下：

第一，注重因材施教。

第二，注意心理训练要从小抓起，持之以恒。

第三，注重环境和教育对球手的影响。

第四，日常的情景化模拟训练法。

第五，比赛训练法。

第六，完整技术流程训练法。

参考文献

[1] 裴勇. 精彩高尔夫 [M]. 北京：人民体育出版社，2005：8.

[2] 卓人刚，等. 高尔夫自学手册 [M]. 沈阳：辽宁科学技术出版社，2005：4.